AF561375

CODE ECCLÉSIASTIQUE

OU

RECUEIL COMPLET

DES DISPOSITIONS

DES

CODES NAPOLÉON ET PÉNAL

RELATIVES

A l'état, aux fonctions, aux droits et aux devoirs civils des ministres des cultes chrétiens ;

SUIVIES

D'observations tirées de la loi organique des cultes, des décrets impériaux, des instructions ministérielles etc., ainsi que des motifs développés par les orateurs du Tribunat et du Conseil d'État à l'appui de ces dispositions.

PARIS ET STRASBOURG,

CHEZ *TREUTTEL* ET *WÜRTZ*.

1811.

Gesetzbuch für Geistliche

oder

vollständige Sammlung

der Verfügungen

des

Napoleonischen und peinlichen Gesetzbuchs,

in Beziehung auf den Stand, die Amtsverrichtungen, die bürgerlichen Rechte und Pflichten der christlichen Religionslehrer,

begleitet

von Bemerkungen aus den organischen Gesetzen über die Gottesverehrungen, aus den kaiserl. Dekreten, den ministeriellen Instructionen rc. wie auch von den Beweggründen, welche zu Unterstützung dieser Verfügungen von den Rednern des Tribunats und des Staatsraths entwickelt worden sind.

Aus dem Französischen übersetzt.

Straßburg und Paris
bei Treuttel und Würtz.
1811.

CODE ECCLÉSIASTIQUE.

Gesetzbuch für Geistliche.

AVANT-PROPOS.

Pour apprécier ses droits, et délimiter ses devoirs, tout bon citoyen doit, dans un Empire bien organisé, être convaincu de l'indispensabilité d'en connaître les lois. Cette connaissance est encore plus nécessaire aux fonctionnaires publics, quelles que soient leurs fonctions, et à plus forte raison aux ecclésiastiques, dont les rapports civils et les fonctions ont subi de nos jours tant de modifications. Cependant une partie considérable des membres du clergé se persuadent par différentes raisons, que cette connaissance leur est inutile, et soutiennent mal-à-propos, que les lois civiles ne sont guères applicables à leur état. Une erreur aussi préjudiciable ne saurait avoir pour eux que les

Vorbericht.

In einem gut organisirten Staate ist es für jeden wohlgesinnten Bürger nicht nur Bedürfniß, sondern selbst Pflicht, die Gesetze desselben zu kennen, um daraus seine Rechte sowohl als seine Pflichten beurtheilen zu können. — Um desto nothwendiger ist also diese Kenntniß dem Staatsbeamten, in welchem Amte er auch stehen möge; und in dieser doppelten Hinsicht auch dem Geistlichen, dessen bürgerliche Verhältnisse und Amtsverrichtungen in neuern Zeiten so manche Veränderungen erlitten haben. Und doch giebt es namentlich in diesem Stande viele, welche unter mancherlei Vorwänden diese Kenntniß für völlig entbehrlich halten, und sich wohl gar bereden, die bürgerlichen Gesetze seien ihrem Stande fremd und auf sie durchaus nicht anwendbar. Aus diesem irrigen Wahne erwachsen

suites les plus funestes. Combien ne s'en trouve-t-il pas, qui ne doivent leur destitution, et même leur arrestation, qu'à l'ignorance des lois qu'ils n'auraient pas songé à enfreindre, s'ils en avaient bien connu les dispositions.

L'étude des divers codes français présente sans doute beaucoup de difficultés à des hommes, qui se sont voués exclusivement à l'étude de la théologie, et pour lesquels la langue du barreau est presqu'absolument inintelligible. Ces difficultés sont augmentées par la situation de la plupart des ministres du culte, qui, répandus dans les campagnes, n'ont jamais, ou rarement l'occasion de parvenir à l'intelligence des passages et des termes qui leur paraissent obscurs; d'autant moins que souvent les autorités locales ne pensent pas même à leur communiquer les lois, les décrets, ou autres actes

dann oft die seltsamsten und nachtheiligsten Folgen. Wie mancher hat nicht seine Absetzung, und wohl gar seine persönliche Verhaftung der bloßen Unkunde der Gesetze zuzuschreiben, die er, hätte er sie gekannt, weit entfernt gewesen wäre zu verletzen.

Wahr ist es, daß für Männer, welche ihre ganze Lebenszeit dem Studium der Theologie gewidmet haben, das Studium der verschiedenen französischen Gesetzbücher äußerst beschwerlich und unangenehm seyn muß, da sie durchaus in der ihnen fremden, und zum Theil unverständlichen juristischen Sprache geschrieben sind. Ueberlegt man dazu, daß der größere Theil der Geistlichen auf dem Lande lebt, wo sie kaum oder gar nicht Gelegenheit haben, sich Erläuterungen über die ihnen unverständlichen Stellen und Ausdrücke zu verschaffen, und wo es der örtlichen Obrigkeit oft gar nicht einfällt, ihnen die sie betreffenden Gesetze, Dekrete, ministeriellen Instruktionen und Verwaltungsschlüsse mitzu-

publics, qui les concernent. Il n'est donc point étonnant que la majorité des membres du clergé n'ait point pris jusqu'ici la peine d'étudier à fond les 2181 articles contenus dans le Code Napoléon, et les 484 dont le Code pénal est composé, pour se familiariser avec les principes légaux relatifs à leur position civile.

Cette observation a porté l'éditeur du présent ouvrage à recueillir ces différentes dispositions éparses dans les codes, pour en former un manuel abrégé, utile et presqu'indispensable aux ministres des trois confessions chrétiennes, dont le culte est autorisé dans l'Empire.

Il aurait desiré pouvoir y ajouter les éclaircissemens nécessaires à leur application; la crainte de se tromper lui-même et d'induire les autres en erreur, l'a retenu; il n'a voulu

theilen, so wird man sich nicht wundern, daß die wenigsten unter denselben sich bisher die Mühe genommen haben, die 2181 Artikel, woraus das Napol. Gesetzbuch, und die 484 Artikel, aus welchen das peinliche Gesetzbuch besteht, im eigentlichen Sinne zu studiren, und sich daraus diejenigen Verfügungen einzuprägen, welche auf ihren Stand, ihre Amtsverrichtungen, ihre bürgerl. Rechte und Pflichten einen wesentlichen und directen Einfluß haben.

Diese Bemerkung hat den Herausgeber dieses Werkchens bewogen, für die Geistlichen aller drei christlichen, im Reiche autorisirten Confessionen, diese trockene Arbeit zu übernehmen, und durch Zusammenstellung der sämmtlichen in den französischen Gesetzbüchern zerstreuten Vorschriften, die auf die Verhältnisse der Geistlichen Bezug haben, diesen letztern ein kurzes, aber nützliches, ja fast unentbehrliches Handbuch zu verschaffen.

Die Erläuterung und Anwendung dieser Vorschriften auf die verschiedenen Fälle und Lagen, die sich in ihren Amtsver-

offrir d'ailleurs, qu'un manuel abrégé, peu coûteux, et non un commentaire complet. Au lieu de ces observations partielles il a préféré d'ajouter au texte de la loi, autant que sa nature a paru l'exiger, les motifs qui l'ont dictée, et qui développés dans les discours éloquens des orateurs du Tribunat et du Conseil d'État, forment le commentaire le moins équivoque de son véritable sens.

Outre ces dispositions contenues dans lesdits codes, il s'en trouve encore d'autres fort intéressantes dans les différentes lois, décrets impériaux, instructions ministérielles et arrêtés des administrations supérieures, dont la connaissance n'est pas moins indispensable aux ministres du culte. On a recueilli ces actes avec soin, et on a ajouté ceux qui paraissent répandre le plus de lumières, afin de

richtungen darbieten, hat ihm zwar auch nöthig und nützlich geschienen; allein theils wollte er nicht einen weitläufigen und kostspieligen Commentar, sondern ein kurzes und wohlfeiles Handbuch liefern; theils erlaubte er sich auch nicht, seine eigene Ansichten als allgemeine Regeln aufzustellen. Der beste Commentar über den wahren Sinn der Gesetze schienen ihm die Beweggründe zu seyn, welche dieselben veranlaßt haben, und die von den Rednern des Tribunats und des Staatsraths kurz und bündig entwickelt worden sind. Aus diesen Reden hat er dasjenige ausgezogen, was ihm zur Erläuterung des Textes nothwendig schien.

Es finden sich aber auch ausser den französischen Gesetzbüchern in den verschiedenen Gesetzen, kaiserlichen Dekreten, ministeriellen Instructionen und Verwaltungsschlüssen manche äußerst wichtige Verfügungen, deren Kenntniß den Geistlichen unentbehrlich nöthig ist; diese hat der Herausgeber nach Möglichkeit gesammelt, und davon diejenigen, welche ihm

rendre ce recueil aussi utile que possible.

Ce travail a dû porter l'attention de l'éditeur sur l'administration des fabriques, à laquelle les ministres du culte doivent concourir, mais les lois et décrets relatifs au mode de cette administration ayant trop d'étendue, il a cru devoir se borner à n'en insérer que les passages qui ont un rapport direct avec les dispositions des codes. Il se reserve de publier plus tard un recueil complet des lois et règlemens concernant les fabriques et leur administration, si le présent essai est accueilli favorablement, et si le besoin d'un tel recueil venait à être senti autant que celui du présent ouvrage.

La langue allemande enfin étant celle d'un nombre considérable d'habitans de l'Empire, surtout des dépar-

die wichtigsten schienen, diesem Werkchen einverleibt, um dasselbe dadurch möglichst nützlich zu machen.

Eben diese Arbeit hat ihn auch zum öftern auf die Verwaltung der Kirchenfabriken geführt, an welcher der Geistliche Theil zu nehmen hat. Da aber die Gesetze und Dekrete über diese Verwaltung ungemein weitläufig sind, so glaubte er sich für diesmal blos auf Anführung derjenigen Verfügungen dieser Art einschränken zu müssen, welche auf seinen Text Bezug haben, und behielt sich vor, die Sammlung der Gesetze und Verordnungen über die Kirchenfabriken besonders herauszugeben, wenn anders seine gegenwärtige Arbeit den erwünschten Beifall erhält, und das Bedürfniß der letztbenannten Sammlung eben so laut als die Nothwendigkeit des gegenwärtigen Werkchens ausgesprochen wird.

Da endlich die deutsche Sprache bei einem grossen Theile der Bewohner des französischen Reichs, vorzüglich in den Gränzdepartementen, eingeführt ist, so

temens limitrophes de l'Allemagne, on a cru devoir publier à la fois deux éditions différentes de ce recueil, l'une française, et l'autre française-allemande. Cette dernière réunit l'avantage d'expliquer les termes du barreau à ceux qui ne sont que faiblement versés dans la langue française, dans laquelle cependant leur état les oblige de rediger les actes, les rapports et la correspondance avec les autorités supérieures.

hat man gegenwärtige Uebersetzung dem französischen Texte beigefügt, welcher auch besonders in derselben Verlagshandlung zu haben ist. Diese französisch-deutsche Ausgabe hat den Vortheil, denjenigen, welche nicht in der französischen Rechtssprache geübt sind, die ihnen unverständlichen Ausdrücke zu erklären, und ihnen die Aufsätze zu erleichtern, welche in öffentlichen Acten, Berichten und im Briefwechsel mit den obern Behörden durchaus französisch seyn und von ihnen in französischer Sprache verfertigt werden müssen.

SOMMAIRE.

CODE NAPOLÉON.

Inhalt.

Napoleonisches Gesetzbuch.

CODE PÉNAL.

Peinliches Gesetzbuch.

Classification des délits commis par un tel écrit et leurs peines progressives ; — les inculpations contre les personnes et contre les autres cultes autorisés sont également prohibées en vertu de la loi organique du culte catholique.

Peine d'une telle correspondance si elle n'est point autorisée par le ministre des cultes ; — les bulles du pape ou autres écrits semblables ne peuvent être publiées ni exécutées sans autorisation du Gouvernement, en vertu de la loi organique du culte catholique ; — les décisions ou écrits des synodes et conciles étrangers sont dans le même cas, en vertu de la même loi ; — les églises protestantes et leurs ministres ne doivent être en aucune relation avec une puissance étrangère, en vertu de la loi organique du culte protestant ; — les décisions doctrinales et autres écrits de ce genre ne doivent

SUPPLÉMENT.

Anhang.

CODE NAPOLÉON.

Liv. I, Titre II, Chapitre IV.

Des Actes de Décès.

Article 77. Aucune inhumation ne sera faite sans une autorisation, sur papier libre et sans frais, de l'officier de l'état civil, qui ne pourra la délivrer qu'après s'être transporté auprès de la personne décédée pour s'assûrer du décès, et que vingt-quatre heures après le décès; hors les cas prévûs par les règlemens de police.

Motif.

L'exception: „ *hors les cas prévus par les règlemens de police* " a été réclamée par plusieurs tribunaux. Il y a en effet des circonstances où le délai de vingt-quatre heures pourrait devenir funeste; il est d'une bonne police d'y pourvoir.

Napoleonisches Gesetzbuch.

I. Buch, II. Titel, IV. Kapitel.

Von den Sterb-Acten.

Artikel 77. Keine Beerdigung darf ohne eine vom Beamten des Bürgerstandes auf ungestempelt Papier und unentgeldlich ausgestellte Autorisation statt haben. Außer in den durch die Polizei-Verordnungen bestimmten Fällen, kann er diese Autorisation erst vier und zwanzig Stunden nach dem Hinscheiden ertheilen; und nachdem er sich zu der verstorbenen Person verfügt hat, um sich ihres Todes zu versichern.

Beweggrund.

Die Ausnahme: „außer in den durch die Polizei-Verordnungen bestimmten Fällen" ist von mehrern Tribunalen begehrt worden. Und es giebt in der That Umstände, wo ein Aufschub von vier und zwanzig Stunden gefährlich werden könnte; es liegt also einer guten Polizei ob, ihre Fürsorge darauf zu richten.

Observations.

1.° *Voyés l'Art.* 358 *du Code pénal inséré plus bas.*

2.° *Extrait du décret impérial sur les sépultures; du* 23 *Prairial An XII.* (12 *Juin* 1804.)

Art. 1. Aucune inhumation n'aura lieu dans les églises, temples, synagogues, hopitaux, chapelles publiques, et généralement dans aucun des édifices clos et fermés, où les citoyens se réunissent pour la célébration de leurs cultes, ni dans l'enceinte des villes et bourgs.

Art. 15. Dans les communes, où l'on professe plusieurs cultes, chaque culte doit avoir un lieu d'inhumation particulier; et dans les cas, où il n'y aurait qu'un seul cimetière, on le partagera par des murs, haies ou fossés en autant de parties, qu'il y a de cultes différens, avec une entrée particulière pour chacune, et en proportionnant cet espace au nombre d'habitans de chaque culte.

Art. 16. Les lieux de sépulture, soit qu'ils appartiennent aux communes, soit qu'ils appartiennent aux particuliers, seront soumis à l'autorité, police et surveillance des administrations municipales.

Art. 17. Les autorités locales sont spécialement chargées . . . d'empêcher, qu'il ne se commette dans les lieux de sépulture

Bemerkungen.

1) Siehe den weiter unten eingerückten Artikel 358 des peinl. Gesetzbuches.

2) Auszug aus dem kaiserlichen Dekret über die Begräbnisse; vom 23sten Prairial XII. (12ten Junius 1804.)

Art. 1. Keine Beerdigung darf in den Kirchen, Tempeln, Synagogen, Hospitälern, öffentlichen Kapellen, und überhaupt in keinem der geschlossenen Gebäude, wo die Bürger zur Begehung ihrer Gottesverehrungen sich versammeln, noch in dem Innern der Städte und Flecken, statt finden.

Art. 15. In den Gemeinden, wo man sich zu mehrern Gottesverehrungen bekennt, muß jede Gottesverehrung einen besondern Begräbnißort haben; und in den Fällen, wo nur ein einziger Todesacker da wäre, soll man ihn durch Mauern, Gehäge oder Gräben in so viele Theile eintheilen, als verschiedene Gottesverehrungen da sind, mit einem besondern Eingange für jeden, und indem man diesen Raum nach der Anzahl der Einwohner jeder Gottesverehrung abmißt.

Art. 16. Die Begräbnißorte, sie gehören den Gemeinden oder den Particularen, sollen der Autorität, Polizei und Obsicht der Municipalverwaltungen unterworfen seyn.

Art. 17. Die Ortsgewalten sind insbesondere beauftragt . . . zu verhindern, daß man auf den Begräbnißorten keine Unordnung begehe, oder

aucun désordre, ou qu'on ne s'y permette aucun acte contraire au respect dû à la mémoire des morts.

Art. 18. Les cérémonies précédemment usitées pour les convois, suivant les différens cultes, seront rétablies, et il sera libre aux familles d'en régler la dépense selon leurs moyens et facultés; mais hors de l'enceinte des églises et des lieux de sépulture les cérémonies religieuses ne seront permises, que dans les communes, où l'on ne professe qu'un seul culte, conformément à l'art. 45 de la loi du 18 Germinal An X.

Art. 19. Lorsque le ministre d'un culte, sous quelque prétexte que ce soit, se permettra de refuser son ministère pour l'inhumation d'un corps, l'autorité civile, soit d'office soit sur la réquisition de la famille, commettra un autre ministre du même culte pour remplir ces fonctions; dans tous les cas l'autorité civile est chargée de faire porter, présenter, déposer et inhumer les corps.

Art. 20. Les frais et rétributions à payer aux ministres des cultes et autres individus attachés aux églises et temples, tant pour leur assistance aux convois, que pour les services requis par les familles, seront réglés par le Gouvernement, sur l'avis des évêques, des consistoires et des préfets, et

daß man sich irgend eine Handlung erlaube, die der Ehrfurcht, welche man dem Andenken der Todten schuldig ist, zuwider wäre.

Art. 18. Die vormals für die Leichenbegängnisse, je nach den verschiedenen Gottesverehrungen, gebräuchlichen Ceremonien sind wiederhergestellt; und es soll den Familien frei stehen, die Ausgabe nach ihren Mitteln und ihrem Vermögen anzuordnen; allein außer dem Umfange der Kirchen und Begräbnißorte sollen die religiösen Ceremonien, dem Art. 45 des Gesetzes vom 18ten Germinal X gemäß, nur in denjenigen Gemeinden statt finden, wo sich alle Einwohner zu einerlei Gottesverehrung bekennen.

Art. 19. Wenn der Kirchendiener einer Religion, unter welchem Vorwand es auch seie, sich erlauben sollte, seinen Amtsdienst bei Beerdigung eines Leichnams zu versagen, so soll die bürgerliche Autorität, entweder von Amtswegen, oder auf Ansuchen der Familie, einen andern Geistlichen derselben Religion bestellen, um diese Amtsverrichtungen zu versehen. In allen Fällen ist die bürgerliche Autorität beauftragt, die Leichname tragen, vorlegen, beisetzen und beerdigen zu lassen.

Art. 20. Die Kosten und Zahlungen an die Geistlichen und andere an den Kirchen und Tempeln dienende Personen, sowol für ihre Beiwohnung bei den Leichenbegängnißen, als für die von den Familien begehrten kirchlichen Ceremonien, werden von der Regierung, auf das Gutachten der Bischöffe, Consistorien und Präfecten, und

sur la proposition du conseiller d'État chargé des affaires concernant les cultes. Il ne sera rien alloué pour leur assistance à l'inhumation des individus inscrits aux rôles des indigens.

Art. 22. Les fabriques des églises et les consistoires jouïront seuls du droit de fournir les voitures, tentures, ornemens, et de faire généralement toutes les fournitures quelconques nécessaires pour les enterremens, et pour la décence ou la pompe des funérailles.

Les fabriques et consistoires pourront faire exercer ou affermer ce droit, d'après l'approbation des autorités civiles, sous la surveillance desquelles ils sont placés.

Art. 23. L'emploi des sommes provenant de l'exercice ou de l'affermage de ce droit sera consacré à l'entretien des églises, des lieux d'inhumation, et au payement des desservans; cet emploi sera réglé et reparti sur la proposition du conseiller d'Etat chargé des affaires concernant les cultes, et d'après l'avis des évêques et des préfets.

Art. 24. Il est expressément défendu à toutes autres personnes, quelles que soient leurs fonctions, d'exercer le droit susmentionné, sous telle peine qu'il appartiendra, sans préjudice des droits résultans des marchés existans et qui ont été passés entre quelques entrepreneurs et les préfets ou au-

auf den Vorschlag des mit den gottesdienstlichen Angelegenheiten beauftragten Staatsraths, bestimmt. Für die Beiwohnung bei der Beerdigung solcher Personen, welche auf der Armenliste eingeschrieben sind, wird nichts bewilligt.

Art. 22. Die Fabriken und Consistorien haben allein das Recht, die Wagen, Tücher, Zierathen zu liefern, und überhaupt alle und jede Lieferungen zu machen, welche für die Leichenbestattungen, und für den Anstand oder Pomp der Leichenbegängnisse nothwendig sind.

Die Fabriken und Consistorien können dieses Recht ausüben oder mit Genehmigung der bürgerlichen Gewalten, unter deren Aufsicht sie stehen, verpachten.

Art. 23. Die Anwendung der von der Ausübung oder Verpachtung dieses Rechts herrührenden Summen, soll dem Unterhalt der Kirchen, der Begräbnißorte, und der Bezahlung der Geistlichen gewidmet seyn; diese Anwendung ist auf den Vorschlag des mit den gottesdienstlichen Angelegenheiten beauftragten Staatsraths, und nach dem Gutachten der Bischöffe und Präfekten zu bestimmen und zu vertheilen.

Art. 24. Es ist ausdrücklich allen andern Personen, was für ein Amt sie auch haben mögen, verboten, obgemeldetes Recht auszuüben; und dieß bei gebührender Strafe, und unbeschadet der Rechte, welche aus den bestehenden Verträgen entspringen, die zwischen einigen Unternehmern und den Präfekten oder andern bür-

tres autorités civiles, relativement aux convois ou pompes funèbres.

Art. 25. Les frais à payer par les successions des personnes décédées pour les billets d'enterrement, le prix des tentures, les bières et le transport des corps seront fixés par un tarif proposé par les administrations municipales, et arrêté par les préfets.

Art. 26. Dans les villages et autres lieux, où le droit précité ne pourra être exercé par les fabriques, les autorités locales y pourvoiront, sauf l'approbation des préfets.

3.) *Extrait du Décret impérial relatif aux autorisations des officiers de l'état civil pour les inhumations ; du 4 Thermidor XIII. (23 Juillet 1805.)*

Art. 1. Il est défendu . . . à toutes fabriques d'église et consistoires, ou autres ayant droit de faire les fournitures requises pour les funérailles, de livrer lesdites fournitures ; à tous curés, desservans et pasteurs, d'aller lever aucuns corps, ou de les accompagner hors des églises et temples, qu'il ne leur apparaisse de l'autorisation donnée par l'officier de l'état civil pour l'inhumation, à peine d'être poursuivis comme contrevenant aux lois.

gerlichen Gewalten in Betreff der Leichenzüge oder Leichenbegängnisse geschlossen worden sind.

Art. 25. Die Kosten, welche von den Erben der verstorbenen Personen für die Beerdigungszettel, den Preiß der Tücher, die Bahren, und das Tragen oder Führen der Leichname zu bezahlen sind, sollen durch ein von den Municipalverwaltungen vorgeschlagenes, und von den Präfekten beschlossenes Tarif bestimmt werden.

Art. 26. In den Dörfern und andern Ortschaften, wo die Fabriken obgemeldetes Recht nicht ausüben können, haben die Ortsgewalten dafür zu sorgen, mit Vorbehalt des Gutheißens der Präfecten.

3) Auszug aus dem kaiserlichen Dekret, betreffend die Autorisation der Beamten des Bürgerstandes, um die Beerdigungen vorzunehmen; vom 4ten Thermidor XIII. (23sten Julius 1805.)

Art. 1. Es ist . . . allen Fabriken und Consistorien, und andern die zu den Leichenbegängniß-Lieferungen berechtigt sind, verboten, besagte Lieferungen zu machen; allen Pfarrern an Haupt= und Beikirchen Leichen abzuholen, oder sie aus den Kirchen und Tempeln zu begleiten, wofern ihnen nicht eine schriftliche Autorisation des Beamten des Bürgerstandes, die Beerdigung vorzunehmen, aufgewiesen wird; bei Strafe als den Gesetzen zuwiderhandelnd gerichtlich verfolgt zu werden.

4.° *Extrait du décret impérial du 30 Déc. 1809 concernant les fabriques :*

Art. 36. Les revenus de chaque fabrique se forment :

4.° du produit spontané des terrains servant de cimetières ;

10.° des droits que, suivant les règlemens épiscopaux approuvés par Nous, les fabriques perçoivent, et de celui qui leur revient sur le produit des frais d'inhumation.

Art. 73. Nul cénotaphe, nulles inscriptions, nuls monumens funèbres ou autres, de quelque genre que ce soit, ne pourront être placés dans les églises, que sur la proposition de l'évêque diocésain et la permission de notre ministre des cultes.

Liv. I, Tit. VII, Chap. III.

Des enfans naturels.

Art. 340. La recherche de la paternité est interdite.

Observation.

La prudence conseillera sans doute aux ministres de culte de se conformer aux actes dressés par l'officier de l'état civil pour l'inscription des noms et des faits dans leurs régistres de baptême, de mariage et de sépulture, surtout dans des cas extraordinaires et difficiles.

4) Auszug aus dem kaiserlichen Dekret, die Fabriken betreffend, vom 30sten December 1809.

Art. 36. Die Einkünfte jeder Fabrik bestehen:

4) in dem Ertrag dessen, was von selbst auf den zu Begräbnißstätten dienenden Orten wächst;

10) in den Gebühren, welche sie in Gefolg der von Uns gutgeheißenen bischöfflichen Verordnungen einzunehmen haben, so wie auch in der von dem Ertrag der Beerdigungskosten ihnen zukommenden Gebühr.

Art. 73. Kein Denkmal, keine Inschriften, keine Grabmäler oder dergleichen, von welcher Gattung sie auch seien, können in den Kirchen errichtet werden, ohne den Vorschlag des Bischoffs des Kirchsprengels und die Erlaubniß des Cult-Ministers.

I. Buch, VII. Titel, III. Kapitel.

Von den unehelichen Kindern.

Art. 340. Das Nachforschen: wer Vater derselben seie? ist verboten.

Bemerkung.

Die Klugheit wird unstreitig den Geistlichen rathen, sich in Ansehung der in ihre Tauf- Hochzeit- und Leichen-Register einzuführenden Namen und Thatsachen, besonders in außerordentlichen und schweren Fällen, nach den von dem Beamten des Bürgerstandes aufgesetzten Acten zu richten.

Des causes, qui dispensent de la tutèle.

ART. 427. Sont dispensés de la tutèle: Tous citoyens exerçant une fonction publique dans un département autre, que celui, où la tutèle s'établit.

ART. 430. Les citoyens de la qualité exprimée aux articles précédens, qui ont accepté la tutèle postérieurement aux fonctions, services ou missions, qui en dispensent, ne seront plus admis à s'en faire décharger pour cette cause.

ART. 431. Ceux au contraire, à qui lesdites fonctions, services ou missions ont été conférés postérieurement à l'acceptation et gestion d'une tutèle, pourront, s'ils ne veulent la conserver, faire convoquer dans le mois un conseil de famille, pour y être procédé à leur remplacement.

Si, à l'expiration de ces fonctions, services ou missions, le nouveau tuteur réclame sa décharge, ou que l'an-

I. Buch, X. Titel, II. Kapitel.

Von den Ursachen, welche von der Vormundschaft freisprechen.

Art. 427. Von der Vormundschaft sind freigesprochen:

Alle Bürger, welche in einem andern Departement als dem, wo die Vormundschaft statt hat, ein öffentliches Amt begleiten.

Art. 430. Haben die in den vorhergehenden Artikeln qualificirten Bürger die Vormundschaft angenommen, nachdem sie schon die Aemter, Dienste oder Aufträge hatten, welche davon freisprechen; so können sie sich, um dieser Ursache willen, nicht mehr davon entladen lassen.

Art. 431. Diejenigen im Gegentheil, denen diese Aemter, Dienste oder Aufträge erst nach Annahme und Verwaltung einer Vormundschaft übertragen worden sind, können, wenn sie dieselbe nicht behalten wollen, binnen Monatsfrist, einen Familienrath zusammenberufen, und sich ersetzen lassen.

Wenn diese Aemter, Dienste oder Aufträge ihr Ende erreicht haben, und der neue Vormund seine Entladung verlangt, oder

cien redemande la tutèle, elle pourra lui être rendue par le conseil de famille.

Observation.

Par une délibération du Conseil d'Etat du 4 Novembre 1806, approuvée par Sa Majesté au quartier impérial de Berlin le 20 du même mois, l'article 427 est applicable non-seulement aux ecclésiastiques desservant des cures ou des succursales, mais à toutes personnes exerçant pour les cultes des fonctions, qui exigent résidence, dans lesquelles elles sont agréées par Sa Majesté et pour lesquelles elles prêtent serment.

Liv. III, Tit. II, Chap. II.

De la capacité de disposer ou de recevoir par donation entre-vifs ou par testament.

Art. 909. Les docteurs en médecine ou en chirurgie, les officiers de santé et les pharmaciens, qui auront traité une personne pendant la maladie, dont elle meurt, ne pourront profiter des

sein Vorgänger die Vormundschaft wieder anzutreten begehrt, so kann sie ihm durch den Familienrath wieder übertragen werden.

Bemerkung.

Kraft einer Berathschlagung des Staatsraths vom 4ten November 1806, welche von Seiner Majestät in Ihrem kaiserlichen Hauptquartier zu Berlin am 20sten desselben Monats gutgeheißen worden, ist der 427ste Artikel nicht nur auf diejenigen Geistlichen anwendbar, welche an Pfarr- oder Beikirchen angestellt sind, sondern auch auf alle diejenigen Personen, welche solche den Gottesdienst betreffende Amtsverrichtungen versehen, die Residenz erfordern, in welchen sie durch Se. Majestät bestätigt worden sind, und wegen welchen sie einen Eid abzulegen haben.

III. Buch, II Titel, II. Kapitel.

Von der Fähigkeit, durch Schenkung zwischen Lebenden oder durch Testamente zu verfügen oder zu empfangen.

Art. 909. Die Aerzte, Wundärzte, Gesundheitsbeamten und Apotheker, welche eine Person während der Krankheit, an der sie stirbt, behandelt haben, können die Verfü-

dispositions entre-vifs ou testamentaires, qu'elle auroit faites en leur faveur pendant le cours de cette maladie.

Sont exceptées :

1.° les dispositions rémunératoires faites à titre particulier, eû égard aux facultés du disposant et aux services rendus ;

2.° les dispositions universelles dans le cas de parenté jusqu'au quatrième dégré inclusivement, pourvû toutefois que le décédé n'ait pas d'héritiers en ligne directe ; à moins que celui, au profit de qui la disposition a été faite, ne soit lui-même du nombre de ces héritiers.

Les mêmes règles seront observées à l'égard du ministre du culte.

MOTIFS.

La loi regarde comme ayant trop d'empire sur l'esprit de celui qui dispose et qui est atteint de la maladie, dont il meurt, les médecins, les chirurgiens, les officiers de santé ou les pharmaciens, qui le traitent. On n'a cependant point voulu, que le ma-

gungen zwischen Lebenden oder durch ein Testament, welche diese Person während dem Laufe dieser Krankheit zu ihren Gunsten gemacht hätte, nicht benutzen.

Ausgenommen sind:

1) die besondern Verfügungen, welche vergeltungsweise gemacht worden sind, mit Hinsicht auf das Vermögen des Verfügenden, und auf die geleisteten Dienste;

2) die Universal-Verfügungen, im Falle von Verwandtschaft bis zum vierten Grade einschliesslich, wenn anders der Verstorbene keine Erben in gerader Linie hat; es müßte denn derjenige, zu dessen Vortheil die Verfügung gemacht worden ist, selbst unter die Zahl dieser Erben gehören.

Dieselben Regeln sind in Ansehung der Geistlichen zu beobachten.

Beweggründe.

Das Gesetz sieht die einen Kranken behandelnden Aerzte, Wundärzte, Gesundheitsbeamten oder Apotheker an, als ob sie zu viel Gewalt über das Gemüth desselben gehabt hätten, wenn er in der Krankheit, an welcher er stirbt, eine Verfügung zu ihren Gunsten machen würde. Inzwischen wollte man doch auch den Kranken

lade fût privé de la satisfaction de leur donner quelques témoignages de reconnaissance, eû égard à sa fortune et aux services, qui lui auraient été rendus.

Il eût aussi été injuste d'interdire les dispositions, celles mêmes qui seraient universelles, faites dans ce cas par un malade au profit de ceux, qui le traiteraient et qui seraient ses parens. S'il y avait des héritiers en ligne directe, du nombre desquels ils ne seraient pas, la présomption, qui est la cause de leur incapacité, reprendrait toute sa force.

L'incapacité de recevoir par donation entre-vifs ou par testament, à raison de la profession avait été autrefois la matière de grands litiges et l'objet de plusieurs réglemens.

Tous les inconvéniens ne pourraient être prévenus.

Ce que le législateur peut faire dans un point aussi délicat, c'est de surveiller d'une manière particulière les dispositions, qui seraient faites par un individu malade de la maladie dont il meurt, en faveur des personnes qui étaient présumées avoir le plus d'empire sur son esprit. Voilà pourquoi la loi admet des restrictions et des tem-

nicht der Genugthuung berauben, ihnen einige Beweise der Erkenntlichkeit zu geben, bei welchen sowohl auf sein Vermögen als auf die ihm etwa geleisteten Dienste Rücksicht genommen wäre.

Eben so ungerecht wäre es aber auch gewesen, alle Verfügungen, auch selbst die allgemeinen, zu untersagen, die ein Kranker in diesem Falle zu Gunsten derjenigen machen würde, welche ihn in seiner letzten Krankheit behandelt haben, und zugleich seine Verwandten sind. Wären hingegen Erben in gerader Linie vorhanden, zu welchen jene nicht gehörten, dann würde jener Verdacht, der sie einer Verfügung zu ihren Gunsten unfähig macht, wieder seine Stärke erhalten.

Die Unfähigkeit, aus Ursache des Hauptgeschäftes, das man treibt, etwas durch Schenkung unter Lebenden oder durch Testament zu empfangen, ist vormals der Anlaß zu großen Streitigkeiten und der Gegenstand mehrerer Verordnungen gewesen.

Es kann aber nicht allen Schwierigkeiten vorgebeugt werden.

Was der Gesetzgeber in einem so delikaten Puncte thun kann, besteht darinnen, auf besondere Weise über diejenigen Verfügungen zu wachen, welche von einem Kranken in seiner letzten Krankheit zu Gunsten solcher Personen gemacht worden sind, von welchen man voraussetzen kann, daß sie über sein Gemüth am meisten Gewalt hatten. Dies ist auch die Ursache, warum das Gesetz Einschränkungen und Mäßigungen in An-

péramens à l'égard de ceux, qui pendant le cours de la maladie auraient administré au malade les secours de l'art ou les consolations de la religion.

Il en coûte sans doute d'établir une règle générale, qui porte sur des professions, que nous sommes accoutumés à voir exercer par des hommes si désintéressés et généreux ; mais ceux-là ne se plaindront pas des précautions de la loi, qui ne peut distinguer entre les individus.

Mineur ou majeur, le malade ne pourra, sauf les cas de parenté, faire que des legs rémunératoires aux docteurs en médecine ou en chirurgie, officiers de santé ou pharmaciens, qui l'ont traité ; et au ministre du culte, qui l'a assisté dans sa dernière maladie.

Art. 910. Les dispositions entre-vifs, ou par testament, au profit des hospices, des pauvres d'une commune, ou d'établissemens d'utilité publique, n'auront leur effet, qu'autant qu'elles seront autorisées par un décret impérial.

Art. 937. Les donations faites au profit d'hospices, des pauvres d'une

sehung derjenigen zuläßt, welche während des Laufes der Krankheit dem Kranken ärztliche Hilfe geleistet, oder denselben mit den Tröstungen der Religion unterstützt haben.

Es ist freilich schwer, eine allgemeine Regel festzusetzen, die solche Beschäfftignngen betrifft, welche wir gewohnt sind von so uneigennützigen und großmüthigen Männern betreiben zu sehen. Allein eben diese werden sich auch nicht über die Vorsichts-Maaßregeln des Gesetzes beklagen, welches zwischen den Einzelnen keinen Unterschied machen kann.

Der Kranke mag minderjährig oder volljährig seyn, so kann er, den Fall der Verwandtschaft ausgenommen, den Aerzten, Wundärzten, Gesundheitsbeamten und Apothekern, die ihn behandelt haben, und dem Geistlichen, der ihm in seiner letzten Krankheit beigestanden ist, nur zur Vergeltung dienende Legate aussetzen.

Art. 910. Die Verfügungen zwischen Lebenden oder durch Testament zum Vortheil der Hospitäler, der Armen einer Gemeinde, oder gemeinnütziger Anstalten haben nur in sofern ihre Wirkung, als sie durch ein kaiserliches Dekret genehmigt werden.

Art. 937. Die zum Vortheil der Spitäler, der Armen einer Gemeinde, oder ge-

commune, ou d'établissemens d'utilité publique seront acceptées par les administrateurs de ces communes ou établissemens, après y avoir été dûment autorisés.

Art. 938. La donation, dûment acceptée, sera parfaite par le seul consentement des parties; et la propriété des objets donnés sera transférée au donataire, sans qu'il sera besoin d'autre tradition.

Motifs.

On ne met pas au nombre des incapables à recevoir par donation entre-vifs ou par testament, les hospices, les pauvres d'une commune et les établissemens d'utilité publique; il est au contraire à désirer, que l'esprit de bienfaisance, qui caractérise les français, répare les pertes, que ces établissemens ont faites pendant la révolution. Mais il faut que le Gouvernement les autorise. Ces dispositions sont sujetes à des règles, dont il doit maintenir l'exécution. Il doit connaître la nature et la quantité des biens, qu'il met ainsi hors du commerce;

meinnützigen Anstalten, gemachten Schenkungen sollen von den Verwaltern dieser Gemeinden oder Anstalten, nachdem sie dazu gehörig autorisirt worden sind, angenommen werden.

Art. 938. Die gehörig angenommene Schenkung ist durch die bloße Einwilligung der Parteien vollendet, und das Eigenthum der geschenkten Gegenstände geht auf den Beschenkten über, ohne daß noch eine andere Uebergabe nöthig wäre.

Beweggründe.

Die Hospitäler, die Armen einer Gemeinde und die gemeinnützigen Anstalten werden nicht nur nicht in die Zahl derjenigen gesetzt, welche unfähig sind, durch Schenkung unter Lebenden oder durch Testament etwas zu empfangen; sondern es ist im Gegentheil wünschenswerth, daß der Geist der Wohlthätigkeit, welcher die Franzosen karakterisirt, den Verlust wieder ersetze, welchen diese Anstalten während der Revolution erlitten haben. Immer aber muß die Regierung sie genehmigen. Diese Verfügungen sind Regeln unterworfen, deren Vollziehung sie handhaben muß. Sie muß die Natur und die Anzahl der Güter kennen, welche sie auf diese Weise außer dem Handel setzt; sie muß sogar verhindern, daß in diesen Verfügungen nicht auf eine

il doit même empêcher, qu'il n'y ait point dans ces dispositions un excès condamnable.

L'intérêt de la société, celui des familles exigeaient cette limitation, qui au reste sera encore plus sage, que le fameux édit de 1749, où on ne trouvait des dispositions réstrictives, que sur les immeubles.

Observations.

1.° Les dispositions de ces articles s'étendent aussi aux fondations, qui ont pour objet l'entretien des ministres et l'exercice du culte.

Voyés l'Art. 73, de la loi organique du culte catholique, qui porte :

Les fondations, qui ont pour objet l'entretien des ministres et l'exercice du culte ne pourront consister qu'en rentes constituées sur l'État. Elles seront acceptées par l'évêque diocésain, et ne pourront être exécutées qu'avec l'autorisation du Gouvernement.

Et l'Art. 8, de la loi organique des cultes protestans, qui dit :

Les dispositions portées par les articles organiques du culte catholique sur la liberté des fondations et sur la nature des biens, qui peuvent en être l'objet, seront communes aux églises protestantes.

verwerfliche Weise die gehörigen Grenzen überschritten werden.

Das Interesse der Gesellschaft, so wie das Interesse der Familien forderten eine solche Einschränkung, welche übrigens viel weiser seyn wird, als das berühmte Edict von 1749, in welchem man nur wegen unbeweglichen Gütern einschränkende Verfügungen fand.

Bemerkungen.

1) Die Verfügungen dieser Artikel dehnen sich auch auf solche Stiftungen aus, welche den Unterhalt der Geistlichen und die Ausübung des Gottesdienstes zum Gegenstande haben.

Man sehe den Art. 73 des organischen Gesetzes über den katholischen Gottesdienst folgenden Inhalts:

Die Stiftungen, welche den Unterhalt der Geistlichen und die Ausübung der Gottesverehrung zum Gegenstande haben, können nur in Renten bestehen, die auf den Staat constituirt sind. Sie werden vom Bischoff des Kirchsprengels angenommen, und können nur mit Gutheißen der Regierung vollzogen werden.

Und den Art. 8 des organischen Gesetzes über die protestant. Gottesverehrungen, welcher sagt:

Die in den organischen Artikeln des katholischen Gottesdienstes über die Freiheit der Stiftungen und über die Natur der Güter, welche der Gegenstand derselben seyn können, gemachten Verfügungen, sind auch den protestantischen Kirchen gemein.

2.° Suivant un arrêté du Gouvernement du 4 Pluviôse An XII (25 Janvier 1804), le Sous-préfet peut autoriser l'acceptation d'une donation, qui ne surpasse pas la valeur d'un capital de 300 francs; et par un décret impérial du 12 Août 1807 cette disposition est aussi applicable aux fabriques et aux établissemens d'instruction publique.

3.° Le décret impérial, du 30 Déc. 1809, concernant les fabriques, porte:

Art. 58. Tout notaire, devant lequel il aura été passé un acte contenant donation entre-vifs ou disposition testamentaire au profit d'une fabrique, sera tenu d'en donner avis au curé ou desservant.

Art. 59. Tout acte contenant des dons ou legs à une fabrique sera remis au trésorier, qui en fera son rapport à la prochaine séance du bureau. Cet acte sera ensuite adressé par le trésorier, avec les observations du bureau, à l'archevêque ou évêque diocésain, pour que celui-ci donne sa délibération, s'il convient ou non d'accepter.

Le tout sera envoyé au ministre des cultes, sur le rapport duquel la fabrique sera, s'il y a lieu, autorisée d'accepter. L'acte d'acceptation, dans lequel il sera fait mention de l'autorisation, sera signé par le trésorier au nom de la fabrique.

2) Kraft eines Regierungsschlusses vom 4ten Pluviose XII (25sten Jänner 1804) kann der Unter-Präfect die Annahme einer Schenkung autorisiren, welche nicht den Werth eines Kapitals von 300 Franken übersteigt, und durch ein kaiserl. Dekret vom 12ten August 1807 ist diese Verfügung auch auf die Kirchenfabriken und auf die öffentlichen Unterrichts-Anstalten anwendbar.

3) Das kaiserliche Dekret, die Fabriken betreffend, vom 30sten December 1809, verfügt:

Art. 58. Jeder Notär, vor welchem ein Act errichtet wird, der eine Schenkung zwischen Lebenden oder eine testamentarische Verfügung zu Gunsten einer Fabrik enthält, ist gehalten, den Pfarrer davon zu benachrichtigen.

Art. 59. Jeder Act, welcher an eine Fabrik gemachte Schenkungen oder Legate enthält, soll dem Schatzmeister der Fabrik zugestellt werden, welcher dem Büreau derselben in der nächsten Sitzung davon Bericht abzustatten hat. Dieser Act wird sodann durch den Schatzmeister mit den Bemerkungen des Büreau an den Erzbischof oder Bischof des Kirchsprengels überschickt, damit dieser seine Berathschlagung beifüge, ob die Annahme rathsam sey oder nicht.

Das Ganze soll hierauf dem Cultminister übermacht werden, auf dessen Bericht die Fabrik, wenn es der Fall ist, autorisirt wird, anzunehmen. Der Annahme-Act, in welchem von der Autorisation Meldung gethan werden muß, wird im Namen der Fabrik von dem Schatzmeister unterschrieben.

Liv. III, Tit. XVIII, Chap. III.

Des Hypothèques.

Art. 2121. Les droits et créances, auxquels l'hypothèque légale est attribuée, sont :

Ceux des ... établissemens publics sur les biens des receveurs et administrateurs comptables.

Liv. III, Tit. XX, Chap. V.

Du tems requis pour préscrire.

Art. 2277. Les arrérages de rentes perpétuelles et viagères ;

les loyers des maisons, et le prix de fermes des biens ruraux ;

les intérêts des sommes prêtées ; et généralement tout ce qui est payable par année, ou à des termes périodiques plus courts ;

se préscrivent par cinq ans.

III. Buch, XVIII. Titel, III. Kapitel.

Von den Hypotheken.

Art. 2121. Die Rechte und Schuldforderungen, welche eine gesetzliche Hypothek haben, sind:

Die . . . der öffentlichen Anstalten auf die Güter der Einnehmer und Rechnungspflichtigen Verwalter.

III. Buch, XX. Titel, V. Kapitel.

Von der zur Verjährung erforderlichen Zeit.

Art. 2277. Die verfallenen ewigen oder Leib-Renten;

die Miethzinse der Häuser, und die Pachtzinse der Feldgüter;

die Zinse von geliehenen Summen; und überhaupt alles, was Jahrsweise oder in noch kürzern periodischen Terminen zahlbar ist;

verjähren sich in fünf Jahren.

CODE PÉNAL.

Liv. III, Titre I, Chap. I.

Des crimes contre la sûreté intérieure de l'État.

Art. 86. L'attentat ou complot contre la vie ou contre la personne de l'Empereur est crime de lèze-majesté; ce crime est puni comme parricide, et emporte de plus la confiscation des biens.

Observation.

L'Art. 13 du même Code est ainsi conçu :

« Le parricide sera conduit sur le lieu de l'exécution en chemise, nus pieds, et la tête couverte d'un voile noir. Il sera exposé sur l'échafaud, pendant qu'un huissier fera au peuple lecture de l'arrêt de condamnation; il aura ensuite le poing droit coupé et sera immédiatement exécuté à mort.

Peinliches Gesetzbuch.

III. Buch, I. Titel, I. Kapitel.

Von den Verbrechen gegen die innere Sicherheit des Staats.

Art. 86. Der Angriff oder das Complot gegen das Leben oder die Person des Kaisers ist Verbrechen der beleidigten Majestät. Dieses Verbrechen wird gleich dem Elternmorde bestraft, und zieht noch überdies die Confiscation des Vermögens nach sich.

Bemerkung.

Der Artikel 13 desselben Gesetzbuchs lautet wie folgt:

Der Elternmörder wird im Hemde, mit blossen Füßen und den Kopf mit einem schwarzen Schleier bedeckt, an den Ort der Hinrichtung geführt. Er wird auf dem Schaffot ausgestellt, während ein Gerichtsdiener dem Volke das Verdammungs-Urtheil vorliest; sodann wird ihm die rechte Hand abgehauen, und unmittelbar darauf wird er hingerichtet.

Art. 87. L'attentat ou le complot contre la vie ou la personne des membres de la famille impériale ;

l'attentat ou le complot, dont le but sera :

soit de détruire ou de changer le Gouvernement ou l'ordre de successibilité au trône ;

soit d'exciter les citoyens ou habitans à s'armer contre l'autorité impériale ;

seront punis de la peine de mort et de la confiscation des biens.

Art. 88. Il y a attentat, dès qu'un acte est commis ou commencé pour parvenir à l'exécution de ces crimes, quoiqu'ils n'aient par été consommés.

Art. 89. Il y a complot, dès que la résolution d'agir est concertée et arrêtée entre deux conspirateurs, ou un plus grand nombre, quoiqu'il n'y ait pas eû d'attentat.

Art. 90. S'il n'y a pas eû de complot arrêté, mais une proposition faite

Art. 87. Der Angriff oder das Complot gegen das Leben oder die Person der Glieder der kaiserlichen Familie;

der Angriff oder das Complot, dessen Zweck ist:

entweder die Regierung oder die Ordnung der Thronfolge umzustürzen oder abzuändern;

oder die Bürger oder Einwohner aufzureitzen, sich gegen die kaiserliche Macht zu bewaffnen;

werden mit dem Tode und der Confiscation des Vermögens bestraft;

Art. 88. Als Angriff wird angesehen, sobald eine Handlung begangen oder angefangen worden ist, um zur Ausführung dieser Verbrechen zu gelangen, wenn sie auch schon nicht zur Ausführung gebracht worden wäre.

Art. 89. Als Complot wird angesehen, sobald der Entschluß zu handeln unter zweien oder mehrern Verschwörern verabredet und gefaßt ist; wenn auch kein Angriff wirklich geschehen seyn sollte.

Art. 90. Wenn kein Complot, sondern blos ein zwar gemachter, aber nicht ange-

et non-agréée d'en former un, pour arriver au crime mentionné dans l'article 86, celui qui aura fait une telle proposition, sera puni de la réclusion.

L'auteur de toute proposition non agréée tendante à l'un des crimes énoncés dans l'art. 87, sera puni du bannissement.

Art. 91. L'attentat ou le complot, dont le but sera, soit d'exciter la guerre civile en armant ou en portant les citoyens ou habitans à s'armer les uns contre les autres; soit de porter la dévastation, le massacre et le pillage dans une ou plusieurs communes; seront punis de la peine de mort et les biens des coupables seront confisqués.

Motifs.

Au premier rang des crimes dirigés contre la sûreté intérieure de l'État est celui de lèze-majesté.

Ce crime est reduit à des termes simples; celui-là seul en est coupable, qui a eû part à un *attentat ou complot dirigé contre*

nommener Vorschlag statt gehabt hat, ein Complot zu bilden, um das im Art. 86 erwähnte Verbrechen begehen zu können; so wird derjenige, welcher einen solchen Vorschlag gemacht hat, mit der Einsperrung bestraft.

Der Urheber eines jeden nicht angenommenen Vorschlags, zu Begehung eines der im Art. 87 erwähnten Verbrechen, wird mit der Landesverweisung bestraft.

Art. 91. Der Angriff oder das Complot, dessen Zweck ist, entweder den Bürgerkrieg anzufachen, und die Bürger oder Einwohner gegen einander zu bewaffnen, oder dazu aufzuwiegeln; oder Verheerung, Blutvergießen und Plünderung in einer oder mehrern Gemeinden zu erregen; werden mit dem Tode bestraft, und das Vermögen der Schuldigen wird confiscirt.

B e w e g g r ü n d e.

In der ersten Reihe der, gegen die innere Sicherheit des Staats, gerichteten Verbrechen steht das Verbrechen der beleidigten Majestät.

Dieses Verbrechen wird durch ganz einfache Ausdrücke bestimmt. Derjenige allein ist desselben schuldig, der an einem gegen die Person

la personne ou la vie de l'Empereur. Et comme ce crime ainsi qualifié est le plus énorme de tous, il sera puni de la peine réservée au parricide, c'est-à-dire, de la seule qui soumette le coupable à quelques mutilations avant qu'il reçoive la peine de mort.

Si l'attentat ou le complot est dirigé non contre la personne ou la vie du prince, mais contre l'autorité impériale ou contre les membres de la famille regnante; un tel crime, quelle que soit sa gravité, ne sera point assimilé au parricide, mais il n'entraînera pas moins la peine capitale, bien due, sans doute, à un forfait, qui repand une si grande alarme dans la société.

Au reste dans cette matière le crime commence et existe déjà dans la seule résolution d'agir. Le suprême intérêt de l'État ne permet pas d'attendre et de ne considérer comme criminels que ceux qui ont déjà agi.

Art. 102. Seront punis comme coupables des crimes et complots mentionnés dans la présente section (v. l'art. 91 et suiv.) tous ceux qui, soit par dis-

oder das Leben des Kaisers gerichteten Angriff oder Complot Theil genommen hat. Und da dieses auf solche Weise qualificirte Verbrechen das ungeheuerste von allen ist, so wird es mit der dem Elternmorde vorbehaltenen Strafe belegt, das heißt, mit der einzigen, welche den Strafbaren, ehe er den Tod empfängt, einigen Verstümmelungen unterwirft.

Wenn der Angriff oder das Complot nicht gegen die Person oder das Leben des Fürsten, sondern gegen die kaiserliche Autorität oder gegen die Mitglieder der regierenden Familie gerichtet ist, so wird zwar das Verbrechen, so schwer es auch ist, nicht wie der Elternmord bestraft; aber es zieht deswegen nicht weniger die Todesstrafe nach sich, die ohnstreitig einem Verbrechen gebührt, welches so große Unruhe in der Gesellschaft verbreitet.

Uebrigens beginnt und besteht in diesen Fällen das Verbrechen schon in dem bloßen Entschlusse, es zu begehen. Das höchste Interesse des Staats erlaubt nicht zu warten, und nur diejenigen als Verbrecher anzusehen, welche schon gehandelt haben.

Art. 102. Als der im gegenwärtigen Abschnitte (s. Art. 91 u. folg.) erwähnten Verbrechen schuldig, werden alle diejenigen bestraft, welche, es sey durch Reden an öffentlichen

cours tenus, dans des lieux ou réunions publics, soit par placards affichés, soit par des écrits imprimés, auront excité directement les citoyens ou habitans à les commettre.

Néanmoins dans le cas, où les dites provocations n'auraient été suivies d'aucun effet, leurs auteurs seront simplement punis du bannissement.

Motifs.

Quelque grave que soit la peine, que la loi destine aux provocateurs, puisqu'elle les considère comme complices, lorsque la provocation a été suivie d'effet; ce n'est point sans doute ce qui peut alarmer, si d'ailleurs la provocation est bien caractérisée: or elle ne pourra resulter que de discours, tenus en lieux ou réunions publics, ou d'écrits placardés ou imprimés.

A ces premiers caractères il faut en ajouter un autre: la provocation devra être *directe*.

Ainsi quelques vœux insensés, ou quelques rêves criminels, couchés sur un papier manuscrit et non colporté, ne constitueront pas la provocation, que la loi assimile au crime même; et s'ils sont découverts et

Orten oder in öffentlichen Versammlungen, oder durch Anschlagzettel oder durch Druckschriften, die Bürger oder Einwohner geradezu angereitzt haben, jene Verbrechen zu begehen.

Sollten jedoch die besagten Aufforderungen ohne einige Wirkung geblieben seyn, so werden derselben Urheber blos mit der Landesverweisung bestraft.

Beweggründe.

So schwer auch die Strafe ist, welche das Gesetz den Aufwieglern bestimmt, weil es dieselben als Mitschuldige betrachtet, wenn die Aufwiegelung Wirkung gehabt hat; so kann jedoch dieses nicht beunruhigen, wenn anders der Charakter der Aufwiegelung genau bestimmt ist. Nun kann sie aber nur durch Reden, welche an öffentlichen Orten oder in öffentlichen Versammlungen gehalten werden, oder durch angeschlagene oder gedruckte Schriften entstehen.

Zu diesen erstern Kennzeichen muß ein zweites hinzugefügt werden: die Aufforderung muß geradezu geschehen.

Also einige unsinnige Wünsche, einige strafbare Träumereien auf ein Papier hingeschrieben, das nicht umhergetragen wird, machen keineswegs jene Aufforderung aus, welche das Gesetz dem Verbrechen gleich erklärt. Und wenn

de nature à appeler la surveillance de l'autorité publique, ce sera sans excéder les bornes posées par une sage prévoyance.

De la révélation et de la non-révélation des crimes qui compromettent la sûreté intérieure ou extérieure de l'État.

ART. 103. Toutes personnes, qui ayant eû connaissance de complots formés ou de crimes projetés contre la sûreté intérieure ou extérieure de l'État, n'auront pas fait la déclaration de ces complots ou crimes, et n'auront pas révélé au Gouvernement, ou aux autorités administratives ou de police judiciaire, les circonstances qui en seront venues à leur connaissance, le tout dans les vingt-quatre heures qui auront suivi ladite connaissance; seront, lors même qu'elles seraient reconnues exemptes de toute complicité, punies pour le seul fait

dieselben entdeckt werden, und ihrer Natur nach die Aufsicht der öffentlichen Gewalt auf sich ziehen müssen, so kann dieß geschehen, ohne die von einer weisen Vorsicht festgesetzten Gränzen zu überschreiten.

Von der Entdeckung und von der Nicht-Entdeckung solcher Verbrechen, welche die innere oder äußere Sicherheit des Staats in Gefahr setzen.

Art. 103. Alle Personen, welche von Comploten oder von Verbrechen, die gegen die innere oder äußere Sicherheit des Staats angezettelt oder entworfen worden sind, Kenntniß erhalten, und dieselben nicht in in den vier und zwanzig Stunden, welche auf diese Kenntniß gefolgt sind, angezeigt, und der Regierung oder den Verwaltungs-Behörden oder der gerichtlichen Polizei nicht die Umstände, welche ihnen bekannt geworden, entdeckt haben, werden, wenn sie auch von aller Mitschuldigkeit frei erkannt werden sollten, wegen der bloßen Thatsache der Verheimlichung auf folgende Weise

de non-révélation de la manière et selon les distinctions qui suivent.

Art. 104. S'il s'agit du crime de lèze-majesté, tout individu, qui, au cas de l'article précédent, n'aura point fait les déclarations qui y sont prescrites, sera puni de la réclusion.

Art. 105. A l'égard des autres crimes ou complots mentionnés au présent chapitre, toute personne qui, en étant instruite, n'aura pas fait les déclarations prescrites par l'art. 103, sera punie d'un emprisonnement de deux à cinq ans, et d'une amende de cinq-cens à deux-mille francs.

Art. 106. Celui qui aura eû connaissance desdits crimes ou complots non-révélés, ne sera point admis à excuse, sur le fondement qu'il ne les aurait point approuvés, ou même qu'il s'y serait opposé et aurait cherché à en dissuader leurs auteurs.

Art. 107. Néanmoins si l'auteur du complot ou crime est époux, même

und je nach folgenden Abstufungen bestraft.

Art. 104. Ist vom Verbrechen der beleidigten Majestät die Rede, so wird Jeder, welcher im Falle des vorhergehenden Artikels die darin vorgeschriebenen Anzeigen nicht gemacht hat, mit der Einsperrung bestraft.

Art. 105. In Betreff der übrigen in gegenwärtigem Kapitel erwähnten Verbrechen oder Complote wird jede Person, welche davon unterrichtet war, und die im Art. 103 vorgeschriebene Anzeige nicht gemacht hat, mit einer zwei = bis fünfjährigen Gefängnißstrafe, und mit einer Geldbuße von fünfhundert bis zweitausend Franken belegt.

Art. 106. Derjenige, welcher von besagten verheimlichten Verbrechen oder Comploten Kenntniß hatte, wird nicht mit der Entschuldigung zugelassen, daß er dieselben nicht gutgeheißen, oder sogar sich denselben widersetzt, und gesucht habe ihren Urhebern davon abzurathen.

Art. 107. Wenn jedoch der Urheber des Complots oder Verbrechens Gatte, sogar ge-

divorcé, ascendant ou descendant, frère ou sœur, ou allié aux mêmes dégrés, de la personne prévenue de réticence, celle-ci ne sera point sujette aux peines portées par les articles précédens; mais elle pourra être mise par l'arrêt ou jugement sous la surveillance spéciale de la haute police, pendant un tems qui n'excédera point dix ans.

Art. 108. Seront exemptés des peines prononcées contre les auteurs de complots ou d'autres crimes attentatoires à la sûreté intérieure ou extérieure de l'État, ceux des coupables qui, avant toute exécution ou tentative de ces complots ou de ces crimes, et avant toutes les poursuites commencées, auront les premiers donné aux autorités mentionnées en l'art. 103, connaissance de ces complots ou crimes, et de leurs auteurs ou complices, ou qui, même depuis le commencement des

schiedener Gatte, Verwandter in auf- oder absteigender Linie, Bruder oder Schwester, oder Verschwägerter in den nämlichen Graden, der Person ist, welche der Verheimlichung beschuldigt wird; so soll zwar diese letztere den in den vorhergehenden Artikeln verhängten Strafen nicht unterworfen seyn; allein sie kann durch den Urtheilsspruch unter die besondere Obsicht der höhern Polizei gesetzt werden, welche jedoch nicht über zehn Jahre dauern darf.

Art. 108. Von den Strafen, welche über die Urheber solcher Complote oder anderer Verbrechen ausgesprochen sind, durch welche die innere oder äußere Sicherheit des Staats gefährdet wird, sind diejenigen unter den Schuldigen freigesprochen, welche, ehe diese Complote oder diese Verbrechen ausgeführt, oder ein Versuch dazu gemacht, und ehe eine nähere Untersuchung derselben angefangen worden ist, die ersten waren, welche den im Art. 103 genannten Behörden von diesen Comploten oder Verbrechen, und deren Urhebern und Mitschuldigen Kenntniß gegeben, oder selbst auch diejenigen, wel-

poursuites, auront procuré l'arrestation desdits auteurs ou complices.

Les coupables, qui auront donné ces connaissances ou procuré ces arrestations, pourront néanmoins être condamnés à rester pour la vie ou à temps, sous la surveillance spéciale de la haute police.

Motifs.

En matière de complots ou crimes contre l'État . . infligera-t-on des peines à ceux, qui, instruits d'un complot, même non approuvé, ne l'auront pas révélé?

Des hommes éclairés ont écrit, qu'on ne pouvait obliger personne à devenir délateur, ni à s'exposer aux peines de la calomnie, en révélant des complots, dont ils seraient rarement en état de fournir la preuve. .

Ne nous laissons point aveugler par le prestige des mots; le délateur odieux est celui, qui crée des complots imaginaires; mais puisque notre législation invite partout les citoyens à faire connaître aux magistrats les délits et leurs auteurs; comment ne pourrait-elle point le leur prescrire sous de

che seit dem Anfang der gerichtlichen Untersuchung zur Verhaftung besagter Urheber oder Mitschuldigen verholfen haben.

Die Schuldigen, welche jene Kenntnisse mitgetheilt, oder zu diesen Verhaftungen verholfen haben, können jedoch verurtheilt werden: lebenslänglich, oder auf eine gewisse Zeitlang, unter der besondern Aufsicht der höhern Polizei zu verbleiben.

B e w e g g r ü n d e.

Im Falle von Comploten oder Verbrechen gegen den Staat.. sollen diejenigen mit Strafen belegt werden, welche von einem, auch selbst nicht gebilligten Complot unterrichtet, dasselbe nicht entdeckt haben werden?

Aufgeklärte Männer haben geschrieben: daß man niemand verpflichten könne, Angeber von Comploten zu werden, wovon man selten im Stande ist, Beweise zu liefern, und sich also der Strafe der Verläumdung auszusetzen.

Wir wollen uns durch den Zauber der Worte nicht blenden lassen. Derjenige ist ein gehässiger Angeber, der blos in der Einbildung bestehende Complote erschafft; allein da unsere Gesetzgebung überall die Bürger einladet, den Obrigkeiten die Verbrechen und ihre Urheber anzuzeigen; sollte sie ihnen dasselbe nicht unter gewissen Strafen

certaines peines relativement aux crimes, qui attaquent la sûreté de l'État ? Si la patrie n'est pas un vain mot, ceci ne saurait être un vain devoir.

Mais si c'est un devoir, il faut le remplir, lors même qu'il en resulterait des embarras ou dangers personnels. La loi d'ailleurs protégera toujours le révélateur véridique.

Qu'y a-t-il donc dans cette matière de sage et utile ? C'est qu'en introduisant une peine contre la non-révélation de crimes d'État, elle ne soit point effrayante par son énormité ; par-là on servira mieux non-seulement l'autorité publique, mais encore l'humanité, que par un silence absolu sur cette espèce de délit ; car que pourrait-il arriver, surtout sous un Gouvernement qui serait faible et soupçonneux ? qu'au lieu de peines justes et modérées il porterait dans son inquiétude des lois de colère, et irait peut-être jusqu'à frapper la non-révélation de propos simplement indiscrets ou vagues, aussi bien que celle d'un complot réel.

Les peines qu'introduit le Code au sujet de la non-révélation sont d'un ordre différent, selon que le complot non-révélé regarde ou non la personne du chef de l'Empire.

in Ansehung derjenigen Verbrechen vorschreiben können, welche die Sicherheit des Staats angreifen? Wenn das Vaterland kein leeres Wort ist, so ist dieß auch keine leere Pflicht.

Ist es aber eine Pflicht, so muß man dieselbe erfüllen, selbst alsdann, wenn persönliche Verlegenheiten oder Gefahren daraus entspringen würden. Uebrigens wird das Gesetz den Wahrheit aussagenden Entdecker immer beschützen.

Was ist also in dieser Materie weises und nützliches? Dieses, daß, indem man eine Strafe wegen Nicht-Entdeckung der Staatsverbrechen einführt, diese Strafe nicht durch ihre übermäßige Schwere abschreckend wird; hierdurch wird man nicht nur der öffentlichen Macht, sondern auch der Menschheit bessere Dienste leisten, als durch ein gänzliches Stillschweigen über diese Gattung von Verbrechen. Denn was könnte, besonders unter einer schwachen und argwöhnischen Regierung, geschehen? Daß anstatt gerechter und gemäßigter Strafen dieselbe in ihrer Unruhe Zorngesetze ergehen lassen, und vielleicht sogar so weit gehen würde, die Nicht-Entdeckung blos unbedachtsamer und unbestimmter Redensarten eben sowohl als ein wirkliches Complot zu bestrafen.

Die Strafen, welche das Gesetzbuch in Betreff der Nicht-Entdeckung einführt, sind von verschiedenen Graden, je nachdem das nichtentdeckte Complot die Person des Reichs-Oberhauptes angeht oder nicht.

Au cas de l'affirmative seulement il y aura lieu à une peine afflictive ; la réticence relative aux autres crimes d'État ne sera punie, que des peines de police correctionnelle.

Au surplus la loi a respecté les liens de la nature, en n'imposant pas aux proches parens l'obligation qu'elle a tracée pour les autres citoyens. L'intérêt qu'a l'Etat de connaître et de prévenir les complots dirigés contre lui, ne le portera jamais à exiger d'un père qu'il lui livre son fils ou d'un frère qu'il lui livre sa sœur.

OBSERVATIONS.

1.° *L'article 6 du Concordat prescrit le serment suivant aux évêques de l'église catholique avant d'entrer en fonctions :*

„ Je promets aussi de n'avoir aucune in„ telligence, de n'assister à aucun conseil, „ de n'entretenir aucune ligue, soit au de„ dans, soit au dehors, qui soit contraire „ à la tranquillité publique ; et si dans mon „ diocèse ou ailleurs j'apprends qu'il se „ trâme quelque chose au préjudice de l'E„ tat, je le ferai savoir au Gouvernement."

L'article 7 dudit Concordat, porte : Les ecclésiastiques du second ordre prêteront

Nur im Falle das Complot die Person des Reichs-Oberhauptes angeht, wird wirkliche Leibesstrafe statt haben, die Verheimlichung der übrigen Staatsverbrechen wird mit Zuchtpolizeistrafen geahndet werden.

Ueberdieß hat das Gesetz die Bande der Natur respectirt, indem es nahen Verwandten nicht dieselbe Pflicht auferlegt, welche es den andern Bürgern vorgeschrieben hat. Das Interesse, welches der Staat hat, die gegen denselben gerichteten Complote zu kennen und denselben vorzubeugen, wird ihn niemals zu der Forderung verleiten, daß der Vater seinen Sohn, oder der Bruder seine Schwester, der Hand der Gerechtigkeit überliefere.

Bemerkungen.

1) Der 6te Art. des Concordats schreibt den Bischöffen der katholischen Kirche, vor Antretung ihrer Amtsverrichtungen, folgenden Eid vor:

„Ich verspreche auch kein Einverständniß zu „haben, keinem Rathe beizuwohnen, und keine „verdächtige Verbindung weder von innen noch „von außen zu unterhalten, welche der öffentlichen Ruhe entgegen wäre; und wenn ich in „meinem Kirchsprengel oder anderwärts erfahre, „daß etwas zum Nachtheile des Staats angesponnen wird, so werde ich es der Regierung „zu wissen thun."

Der 7te Artikel desselben Concordats sagt: Die Geistlichen der zweiten Ordnung sollen

le même serment entre les mains des autorités civiles désignées par le Gouvernement.

2.° *L'article 27 de la loi organique du culte catholique est conçu en ces termes :* Les curés ne pourront entrer en fonctions, qu'après avoir prêté entre les mains du préfet le serment prescrit par la convention passée entre le Gouvernement et le Saint-Siège. Il sera dressé procès-verbal de cette prestation par le secrétaire-général de la préfecture, et copie collationnée leur en sera délivrée.

3.° *Voyés enfin l'art. 26 de la loi organique des cultes protestans, qui dit :* L'approbation donnée par le prémier Consul au pasteur nouvellement élu, il ne pourra exercer ses fonctions, qu'après avoir prêté entre les mains du préfet le serment exigé des ministres du culte catholique.

4.° Par arrêté du 17 Juillet 1807, Mr. le conseiller d'Etat, préfet du département du Bas-Rhin, a décidé que les pasteurs, qui ont prêté le serment en entrant en fonctions, ne le prêteront plus aux mutations des cures.

den nämlichen Eid in die Hände der von der Regierung dazu bezeichneten bürgerlichen Gewalten ablegen.

2) Der Art. 27 des organischen Gesetzes über die katholische Gottesverehrung lautet wie folgt: Die Pfarrer sollen erst alsdann ihre Verrichtungen antreten können, wenn sie in die Hände des Präfecten den Eid abgelegt haben, welcher in der zwischen der Regierung und dem heiligen Stuhle geschlossenen Uebereinkunft vorgeschrieben ist. Es soll über diese Eidesleistung durch den Generalsekretär der Präfectur ein Verbalproceß aufgesetzt, und denselben eine bescheinigte Abschrift davon zugestellt werden.

3) Siehe endlich den Art. 26 des organ. Gesetzes über die protest. Gottesverehrung, welcher sagt: Wenn ein protestantischer neuerwählter Pfarrer die Bestätigung seiner Wahl vom ersten Konsul erhalten hat, so kann er dennoch sein Amt nicht eher antreten, als bis er in die Hände des Präfecten den von den kathol. Religionsdienern geforderten Eid geleistet hat.

4) Durch Schluß vom 17ten Jul. 1807 hat der Herr Staatsrath, Präfect des niederrhein. Departements entschieden, daß diejenigen Pfarrer, welche schon beim ersten Eintritt in die Verrichtungen des Pfarramts den Eid abgelegt haben, nicht mehr gehalten sind denselben wieder zu leisten, so oft sie ihre Pfarrstellen verändern.

Des soustractions commises par les dépositaires publics.

ART. 173. Tout juge, administrateur, fonctionnaire ou officier public, qui aura détruit, supprimé, soustrait ou détourné les actes et titres, dont il était dépositaire en cette qualité, ou qui lui auront été remis ou communiqués à raison de ses fonctions, sera puni des travaux forcés à temps.

De l'exercice de l'autorité publique illégalement anticipé ou prolongé.

ART. 196. Tout fonctionnaire public qui sera entré en exercice de ses fonctions sans avoir prêté le serment, pourra être poursuivi, et sera puni d'une amende de seize francs à cent-cinquante francs.

ART. 197. Tout fonctionnaire public révoqué, destitué, suspendu ou interdit légalement, qui, après en avoir eû

III. Buch, I. Titel, III. Kapitel.

Von den durch öffentliche Aufbewahrer begangenen Unterschlagungen.

Art. 173. Jeder Richter, Verwalter, Staatsdiener oder öffentlicher Beamter, welcher die Schriften und Urkunden, die er in dieser Eigenschaft aufzubewahren hatte, oder die ihm seines Amts halben zugestellt oder mitgetheilt worden sind, zerstört, unterdrückt, unterschlägt oder entwendet, wird mit der zeitigen Kettenstrafe belegt.

Von der gesetzwidrig, zu frühe angetretenen, oder zu lange fortgesetzten Amts-Gewalt.

Art. 196. Jeder öffentliche Beamte, der seine Amtsverrichtungen auszuüben anfängt, ohne den Eid abgelegt zu haben, kann gerichtlich belangt werden, und wird mit einer Geldbuße von sechszehn bis einhundert fünfzig Franken bestraft.

Art. 197. Jeder öffentliche Beamte, der gesetzmäßig von seiner Stelle zurückberufen, abgesetzt, suspendirt oder interdicirt worden

la connaissance officielle, aura continué l'exercice de ses fonctions, ou qui, étant électif ou temporaire, les aura exercées après avoir été remplacé, sera puni d'un emprisonnement de six mois au moins et de deux ans au plus; et d'une amende de cent francs à cinq cents francs. Il sera interdit de toute fonction publique pour cinq ans au moins et dix ans au plus, à compter du jour où il aura subi sa peine.

Motifs.

C'est pour régulariser l'exercice même de l'autorité publique, que l'on réprimera, par des peines de police correctionnelle, toutes personnes qui seraient entrées en fonctions sans avoir prêté le serment requis, ou qui s'y seraient maintenues après révocation ou remplacement.

Ces deux délits cependant ne seront pas confondus; le dernier est le plus grave, et n'est jamais susceptible d'excuse. Le premier peut être excusé par l'absence des fonctionnaires, entre les mains desquels le serment devait être prêté, et par le besoin de pourvoir au service. Les poursuites dans

ist, und, nachdem er amtlichen Bericht davon erhalten, dennoch seine Amtsverrichtungen fortgesetzt hat; oder wenn seine Stelle wählbar, oder er nur auf eine gewisse Zeit ernannt ist, dieselbe, obschon ersetzt, dennoch beibehalten hat, wird mit einer wenigstens sechsmonatlichen, höchstens zweijährigen Gefängnißstrafe, und mit einer Geldbuße von einhundert bis fünfhundert Franken bestraft. Die Begleitung irgend eines öffentlichen Amtes wird ihm wenigstens fünf, und höchstens zehn Jahre lang, vom Tage der empfangenen Strafe an gerechnet, untersagt.

Beweggründe.

Um auch selbst die Ausübung der öffentlichen Gewalt in Ordnung zu erhalten, sollen alle diejenigen Personen mit Zuchtpolizeistrafen belegt werden, welche ihre Amtsverrichtungen antreten, ohne den geforderten Eid abgelegt zu haben, oder ihre Verrichtungen fortsetzen würden, nachdem sie abgerufen oder ersetzt sind.

Diese beiden Vergehen dürfen jedoch nicht als gleich behandelt werden; denn das letztere ist das schwerste, und kann nie entschuldigt werden. Aber dem erstern kann theils die Abwesenheit der Beamten, in deren Hände der Eid abgelegt werden sollte, zur Entschuldigung dienen, theils auch die Nothwendigkeit, daß der Dienst versehen

ce cas dépendront donc des circonstances, et il serait imprudent de poser à cet égard une règle inflexible.

Observations.

1.° *Extrait de la loi organique du culte catholique.*

Art. 19. Les évêques nommeront et institueront les curés, néanmoins ils ne manifesteront leur nomination et ils ne donneront l'institution canonique, qu'après que cette nomination aura été agrée par le premier Consul.

Art. 28. Les curés seront mis en possession par le curé ou le prêtre que l'évêque désignera.

Art. 31. Les vicaires et desservants seront approuvés par l'évêque et révocables par lui.

Art. 63. Les prêtres desservant les succursales sont nommés par les évêques.

2.° *Extrait de la loi organique des cultes protestants.*

Art. 25. Les pasteurs ne pourront être destitués, qu'à la charge de présenter les motifs de la destitution au Gouvernement, qui les approuvera ou les rejettera.

werde. In diesem Falle wird also die gerichtliche Verfolgung von den Umständen abhängen, und es wäre unklug, hierüber eine unveränderliche Regel festzusetzen.

Bemerkungen.

1) Auszug aus dem organischen Gesetze über den katholischen Gottesdienst.

Art. 19. Die Bischöffe haben die Pfarrer zu ernennen und einzusetzen, doch sollen sie weder ihre Ernennung bekannt machen, noch die kanonische Einsetzung ertheilen, bevor diese Ernennung nicht vom ersten Konsul gutgeheißen worden ist.

Art. 28. Die Pfarrer sollen durch den Pfarrer oder Priester, den der Bischoff bezeichnen wird, in Besitz gesetzt werden.

Art. 31. Die Vikarien und Geistlichen an den Beikirchen werden vom Bischoff bestätigt, und können von ihm abgerufen werden.

Art. 63. Die Geistlichen an den Beikirchen werden von den Bischöffen ernannt.

2) Auszug aus dem organischen Gesetze über die protestantische Gottesverehrung.

Art. 25. Die Pfarrer können nur unter der Bedingung abgesetzt werden, daß die Beweggründe ihrer Absetzung der Regierung vorgelegt werden, welche dieselben gutheißen oder verwerfen wird.

Art. 26. En cas de décès ou de démission volontaire, ou de destitution confirmée d'un pasteur, le consistoire choisira à la pluralité des voix pour le remplacer. Le titre d'élection sera présenté au premier Consul par le conseiller d'Etat chargé de toutes les affaires concernant les cultes, pour avoir son approbation.

Liv. III, Tit. I, Chap. III, Sect. III.

Des troubles apportés à l'ordre public par les ministres des cultes dans l'exercice de leur ministère.

---

§. I. *Des contraventions propres à compromettre l'état civil des personnes.*

Art. 199. Tout ministre d'un culte qui procédera aux cérémonies religieuses d'un mariage, sans qu'il lui ait été justifié d'un acte de mariage préalablement reçu par les officiers de l'état civil, sera pour la première fois puni d'une amende de seize francs à cent francs.

Art. 26. Im Falle des Absterbens, der freiwilligen Abdankung oder der bestätigten Absetzung eines Pfarrers, wählt das Consistorium nach der Stimmenmehrheit, um ihn zu ersetzen. Die Urkunde der Wahl wird dem ersten Konsul durch den Staatsrath, der mit allen Geschäfften, die den Gottesdienst betreffen, beauftragt ist, vorgelegt, um seine Bestätigung zu erhalten.

III. Buch, I. Tit., III. Kap., III. Sect.

Von den Störungen der öffentlichen Ordnung durch die Geistlichen in der Ausübung ihrer Amtsverrichtungen.

---

§. I. Von den Uebertretungen, durch welche der bürgerliche Stand der Personen gefährdet werden kann.

Art. 199. Jeder Geistliche, welcher zu den religiösen Ceremonien einer Heirath schreitet, ohne den Beweis schriftlich erhalten zu haben, daß der Ehe-Act vorher von den Beamten des Bürgerstandes aufgenommen worden ist, wird für das erstemal mit einer Geldbuße von sechszehn bis hundert Franken bestraft.

Art. 200. En cas de nouvelles contraventions de l'espèce exprimée en l'article précédent, le ministre du culte qui les aura commises sera puni, savoir :

Pour la première recidive, d'un emprisonnement de deux à cinq ans ;

Et pour la seconde, de la déportation.

Motifs.

La loi s'occupe dans une section particulière des troubles qui seraient apportés à l'ordre public par les ministres du culte dans l'exercice de leur ministère.

Cette matière est grave ; et autant la société doit de reconnaissance et d'égards à ces pasteurs vénérables, dont les discours et l'exemple sont un constant hommage à la religion, aux mœurs et aux lois ; autant elle doit s'armer contre ces hommes fanatiques ou séditieux, qui au nom du ciel voudraient troubler la terre, et n'invoqueraient la puissance spirituelle que pour avilir ou entraver l'autorité des lois et du Gouvernement.

Les crimes et délits des ministres du culte dans l'exercice de leur ministère sont divisés en plusieurs classes.

Art. 200. Im Falle neuer Uebertretungen der im vorigen Artikel erwähnten Art, wird der Geistliche, der sie begangen hat, folgendermaßen bestraft:

Für den ersten Rückfall in denselben Fehler, mit einem zwei- bis fünfjährigen Gefängnisse;

Und für den zweiten, mit der Deportation.

Beweggründe.

Das Gesetz beschäfftigt sich in einem besondern Abschnitte mit den Störungen der öffentlichen Ordnung, welche von den Geistlichen durch die Ausübung ihrer Amtsverrichtungen veranlaßt werden können.

Diese Materie ist wichtig. So sehr die Gesellschaft jenen ehrwürdigen Hirten Erkenntlichkeit und Achtung schuldig ist, deren Reden und Beispiele eine stäte Huldigung sind, welche sie der Religion, den Sitten und den Gesetzen darbringen; eben so sehr muß sie sich gegen jene schwärmerischen oder aufrührerischen Menschen waffnen, welche im Namen des Himmels die Erde verwirren und die geistliche Macht nur anrufen würden, um das Ansehen der Gesetze und der Regierung herabzuwürdigen, oder denselben Hindernisse in den Weg zu legen.

Die Verbrechen und Vergehungen der Geistlichen in der Ausübung ihrer Amtsverrichtungen sind in verschiedene Klassen getheilt.

Les ministres qui procèdent aux cérémonies religieuses d'un mariage, sans qu'il leur ait été justifié de l'acte de mariage reçu par les officiers de l'état civil, compromettent évidemment l'état civil des gens simples, d'autant plus disposés à confondre la bénédiction nuptiale avec l'acte constitutif du mariage, que le droit d'imprimer au mariage le sceau de la loi était naguères dans les mains de ces ministres.

Il importe sans doute qu'une si funeste méprise ne se perpétue point ; et ce motif est assez puissant pour punir d'une amende les ministres du culte qui procèdent aux cérémonies religieuses d'un mariage, sans justification préalable de l'acte qui le constitue réellement.

Cette peine, légère d'abord, s'aggravera en cas de récidive ; et entraînera à la seconde récidive, ou en d'autres termes, à la troisième infraction, la peine de déportation ; parceque celui qui a failli trois fois, se place évidemment dans un état de désobéissance permanente et de revolte contre la loi.

Observations.

1.° Suivant l'art. 17 du Code pénal, la peine de la déportation consistera à être

Diejenigen Geistlichen, welche zu den religiösen Ceremonien einer Heirath schreiten, ohne den Beweis schriftlich erhalten zu haben, daß der Ehe-Act von dem Beamten des Bürgerstandes aufgenommen worden ist, setzen den Bügerstand einfältiger Leute offenbarer Gefahr aus, weil diese um so mehr geneigt sind, die Einsegnung der Ehe mit dem Acte zu verwechseln, welcher die Ehe wesentlich ausmacht, da das Recht der Ehe das Siegel des Gesetzes aufzudrücken, sich noch vor kurzem in den Händen dieser Religionsdiener befand.

Es liegt ohnstreitig daran, daß ein so schädlicher Irrthum sich nicht auf immer fortpflanze; und dieser Beweggrund ist stark genug, um diejenigen Geistlichen mit einer Geldbuße zu belegen, welche zu den religiösen Ceremonien einer Heirath schreiten, ohne von demjenigen Act einen schriftlichen Beweis in Händen zu haben, welcher die Ehe wesentlich ausmacht.

Diese, Anfangs leichte Strafe, wird im Wiederholungsfall schwerer, und zieht beim zweiten Rückfall in den nämlichen Fehler, oder mit andern Worten bei der dritten Uebertretung, die Deportationsstrafe nach sich; weil derjenige, welcher zum drittenmal in denselben Fehler verfällt, sich offenbar in einem Zustande des stäten Ungehorsams und der Empörung gegen das Gesetz befindet.

Bemerkungen.

1) Nach dem Art. 17 des peinlichen Gesetzbuches besteht die Deportationsstrafe darin,

transporté, et à demeurer à perpétuité dans un lieu déterminé par le Gouvernement hors du territoire continental de l'Empire.

Si le déporté rentre sur le territoire de l'Empire, il sera, sur la seule preuve de son identité, condamné aux travaux forcés à perpétuité.

Le déporté qui ne sera pas rentré sur le territoire de l'Empire, mais qui sera saisi dans des pays occupés par les armées françaises, sera reconduit dans le lieu de sa déportation.

2.° *Voyés l'art. 54 de la loi organique du culte catholique, qui dit :* Les curés ne donneront la bénédiction nuptiale qu'à ceux qui justifieront en bonne et due forme avoir contracté mariage devant l'officier civil.

3.° Le Gouvernement a réglé la formule qui suit, pour les publications des bans qui seront faites par les ministres du culte catholique :

„ Vous êtes avertis que tel et telle nous demandent la bénédiction nuptiale ; si vous étiez instruit de quelque empêchement *canonique*, vous êtes invités à nous en donner connaissance. Vous êtes également avertis que les parties se sont pourvues par devant

daß der dazu Verurtheilte an einen von der Regierung bezeichneten Ort gebracht wird, der außerhalb des auf dem festen Lande befindlichen Umfanges des Reichs gelegen ist, und an welchem er lebenslänglich verbleiben muß.

Kehrt der Deportirte auf das Reichsgebiet zurück, so wird er auf den bloßen Beweis der Identität hin, zur lebenslänglichen Kettenstrafe verurtheilt.

Ist der Deportirte zwar nicht auf das Reichsgebiet zurückgekehrt, wird aber in Ländern ergriffen, welche von französischen Armeen besetzt sind, so wird er an seinen Deportationsort zurückgeführt.

2) Siehe den Art. 54 des organischen Gesetzes über die katholische Gottesverehrung, welcher sagt: Die Pfarrer sollen nur denjenigen die eheliche Einsegnung ertheilen, welche in guter und gehöriger Form beweisen, daß sie ihre Eheverbindung vor dem Beamten des Bürgerstandes vollzogen haben.

3) Die Regierung hat für das Aufgebot eines verlobten Paares in der Kirche, den katholischen Geistlichen folgende Formel vorgeschrieben:

„Es ist euch anzuzeigen, daß N. N. und N. N. von uns die eheliche Einsegnung begehren. Solltet ihr Bekanntschaft von irgend einem kanonischen Hinderniß haben, so seid ihr eingeladen, uns davon Nachricht zu geben. Es ist euch gleichfalls anzuzeigen, daß die Verlobten sich an den Beamten des Bürgerstandes gewen-

l'officier civil pour remplir les formes voulues par la loi et nécessaires à la validité de leur union ; et que nous ne leur conférerons le sacrement qu'après qu'ils auront satisfait à l'art. 54 de la loi du 18 Germ. An X."

Les maires doivent veiller à ce que les ministres qui desservent leurs communes se conforment exactement à cette formule. S'ils l'altéraient le moindrement, les maires devraient faire connaître aux préfets les changemens que ces ministres y auraient faits.

Code administratif par FLEURIGEON, *chef de bureau du ministère de l'intérieur, Tome II, p.* 181.

---

§. II. *Des critiques, censures ou provocations dirigées contre l'autorité publique dans un discours pastoral prononcé publiquement.*

ART. 201. Les ministres des cultes qui prononceront, dans l'exercice de leur ministère et en assemblée publique, un discours contenant la critique ou censure du Gouvernement, d'une loi, d'un décret impérial ou

det haben, um denjenigen Formalitäten Genüge zu leisten, welche das Gesetz fordert, und welche zur Giltigkeit ihrer Verbindung nothwendig sind; und daß wir ihnen das Sakrament nicht ertheilen werden, bevor sie nicht dem Art. 54 des Gesetzes vom 18ten Germ. X Genüge geleistet haben."

Die Maires sollen darüber wachen, daß die in ihren Gemeinden angestellten Geistlichen sich genau nach dieser Formel richten. Sollten sie dieselbe im geringsten verändern, so sollen die Maires die von den Geistlichen gemachten Veränderungen den Präfecten anzeigen.

Code administratif par Fleurigeon, *chef de bureau du ministère de l'intérieur, Tome II, p.* 181.

---

§. II. Von den Critiken, dem Tadel oder den Aufwiegelungen gegen die Staatsgewalt in öffentlich gehaltenen geistlichen Reden.

Art. 201. Diejenigen Geistlichen, welche in Ausübung ihres Amtes und in öffentlicher Versammlung eine Rede halten, in welcher die Regierung, ein Gesetz, ein kaiserliches Dekret, oder jeder andere Act der Staatsgewalt criticirt oder getadelt wird, werden

de tout autre acte de l'autorité publique, seront punis d'un emprisonnement de trois mois à deux ans.

Art. 202. Si le discours contient une provocation directe à la désobéissance aux lois ou autres actes de l'autorité publique, ou s'il tend à soulever ou armer une partie des citoyens contre les autres ; le ministre du culte qui l'aura prononcé sera puni d'un emprisonnement de deux à cinq ans, si la provocation n'a été suivi d'aucun effet ; et du bannissement, si elle a donné lieu à désobéissance, autre toutefois que celle qui aurait dégénéré en sédition ou révolte.

Art. 203. Lorsque la provocation aura été suivie d'une sédition ou révolte dont la nature donnera lieu, contre l'un ou plusieurs des coupables, à une peine plus forte que celle du bannissement, cette peine, quelle qu'elle soit, sera appliquée au ministre coupable de la provocation.

---

mit einem dreimonatlichen bis zweijährigen Gefängnisse bestraft.

Art. 202. Wenn die Rede eine wirkliche Aufforderung zum Ungehorsam gegen die Gesetze oder andere Acten der Staatsgewalt enthält; oder wenn sie dahin abzielt, einen Theil der Bürger gegen den andern aufzuwiegeln oder zu bewaffnen; so wird der Geistliche, welcher eine solche Rede gehalten hat, wenn die Aufforderung ohne Wirkung geblieben ist, mit einem zwei- bis fünfjährigen Gefängnisse bestraft; mit der Landesverweisung aber, wenn sie Anläß zum Ungehorsam gegeben hat, ohne daß jedoch dieser Ungehorsam in Aufruhr oder Empörung ausgeartet wäre.

Art. 203. Wenn die Aufforderung einen Aufruhr oder eine Empörung zur Folge gehabt hat, deren Beschaffenheit einem oder mehrern unter den Schuldigen eine schwerere Strafe zuzieht, als die Strafe der Landesverweisung, so wird der Geistliche, welcher sich der Aufforderung schuldig gemacht hat, mit derselben Strafe belegt, sie mag auch beschaffen seyn wie sie wolle.

§. III. *Des critiques, censures ou provocations dirigées contre l'autorité publique dans un écrit pastoral.*

Art. 204. Tout écrit contenant des instructions pastorales, en quelque forme que ce soit, et dans lequel un ministre de culte se sera ingéré de critiquer ou censurer soit le Gouvernement, soit tout autre acte de l'autorité publique, emportera la peine du bannissement contre le ministre qui l'aura publié.

Art. 205. Si l'écrit mentionné en l'article précédent contient une provocation directe à la désobéissance aux lois ou autres actes de l'autorité publique, ou s'il tend à soulever ou armer une partie des citoyens contre les autres, le ministre qui l'aura publié sera puni de la déportation.

Art. 206. Lorsque la provocation contenue dans l'écrit pastoral aura été suivie d'une sédition ou révolte dont

§. III. Von den Critiken, dem Tadel oder der Aufwiegelung gegen die Staatsgewalt durch eine geistliche Schrift.

Art. 204. Eine jede Schrift, welche geistlichen Unterricht enthält, in welcher Form es auch seie, und in welcher ein Religionsdiener sich hat beigehen lassen, die Regierung, oder jeden andern Act der Staatsgewalt zu critisiren oder zu tadeln, zieht demjenigen Geistlichen, welcher dieselbe bekannt gemacht hat, die Strafe der Landesverweisung zu.

Art. 205. Wenn die im vorhergehenden Artikel erwähnte Schrift eine directe Aufforderung zum Ungehorsam gegen die Gesetze oder andere Acten der Staatsgewalt enthält, oder wenn sie abzielt, einen Theil der Bürger gegen den andern aufzuwiegeln oder zu bewaffnen; so wird der Geistliche, welcher sie bekannt gemacht hat, mit der Deportation bestraft.

Art. 206. Wenn auf die in der geistlichen Schrift enthaltene Aufforderung ein Aufruhr oder eine Empörung erfolgt ist, deren Beschaf-

la nature donnera lieu, contre l'un ou plusieurs des coupables, à une peine plus forte que celle de la déportation; cette peine, quelle qu'elle soit, sera appliquée au ministre coupable de la provocation.

Motifs.

Les critiques, censures ou provocations dirigées par les ministres contre l'autorité publique, sont d'une importance, qui ne permettait point le silence, et appelait des mesures répressives.

L'on a distingué la critique ou censure simple d'avec la provocation directe à la désobéissance; dans ce dernier cas la culpabilité plus forte entraîne une plus grande peine.

L'on a distingué aussi les censures et provocations faites dans un discours public d'avec celles consignées dans un écrit pastoral; et ces dernières sont punies davantage, comme étant le produit plus réfléchi de vues perverses, et comme susceptibles d'une circulation plus dangereuse.

Observation.

L'article 52 de la loi organique du culte catholique, porte : Les curés ne se permettront

fenheit Anlaß zu einer schwerern Strafe gegen einen oder mehrere unter den Schuldigen giebt, als die Deportation; so wird der Geistliche, welcher der Aufforderung schuldig ist, mit derselben Strafe belegt, sie sei auch beschaffen, wie sie wolle.

Beweggründe.

Die Critiken, der Tadel oder die Aufforderungen der Religionsdiener gegen die Staatsgewalt, sind von einer Wichtigkeit, welche nicht nur nicht erlaubte, dieselben mit Stillschweigen zu übergehen, sondern vielmehr zu niederschlagenden Maasregeln aufforderte.

Man hat die bloße Critik oder den bloßen Tadel von der directen Aufforderung zum Ungehorsam unterschieden; da in diesem letztern Fall die Verschuldung größer ist, so zieht sie auch eine größere Strafe nach sich.

Man hat auch den Tadel und die Aufforderungen, welche durch eine öffentliche Rede geschehen, von denjenigen unterschieden, welche in einer geistlichen Schrift verzeichnet sind; und diese letztern werden härter bestraft, weil sie die überlegtere Frucht verkehrter Absichten, und einer gefährlichern Circulation fähig sind.

Bemerkung.

Der Art. 52 des organischen Gesetzes über die katholische Gottesverehrung, lautet also: Die Pfarrer sollen sich in ih=

dans leurs instructions aucune inculpation ni directe ni indirecte, soit contre les personnes, soit contre les autres cultes autorisés dans l'Etat.

---

§. IV. *De la correspondance des ministres des cultes avec des cours ou puissances étrangères sur des matières de religion.*

Art. 207. Tout ministre d'un culte qui aura sur des questions ou matières religieuses entretenu une correspondance avec une cour ou puissance étrangère, sans en avoir préalablement informé le ministre de l'Empereur chargé de la surveillance des cultes, et sans avoir obtenu son autorisation, sera, pour ce seul fait, puni d'une amende de cent francs à cinq cents francs, et d'un emprisonnement d'un mois à deux ans.

Art. 208. Si la correspondance mentionnée en l'article précédent a été accompagnée ou suivie d'autres faits con-

rem Unterrichte weder directe noch indirecte Beschuldigungen erlauben, es seie gegen einzelne Personen, noch gegen andere im Staate autorisirte Gottesverehrungen.

---

§. IV. Von dem Briefwechsel der Geistlichen mit fremden Höfen oder Mächten über Religionssachen.

Art. 207. Jeder Geistliche, welcher über Religionsfragen oder Materien mit einem fremden Hof oder mit einer fremden Macht einen Briefwechsel unterhält, ohne vorher den kaiserlichen mit der Aufsicht über die Gottesverehrungen beauftragten Minister davon benachrichtigt, und desselben Gutheissen erhalten zu haben, wird, dieser einzigen Thatsache wegen, mit einer Geldbuße von einhundert bis fünfhundert Franken, und mit einem monatlichen bis zweijährigen Gefängnisse bestraft.

Art. 208. Wenn der im vorhergehenden Artikel erwähnte Briefwechsel von andern Thatsachen begleitet war, oder wenn andere Thatsachen auf denselben erfolgt sind, welche

traires aux dispositions formelles d'une loi ou d'un décret de l'Empereur, le coupable sera puni du bannissement, à moins que la peine résultant de la nature de ses faits ne soit plus forte; auquel cas cette peine plus forte sera seule appliquée.

Motifs.

Il ne s'agit pas de rompre par les dispositions de l'art. 207 les rapports légitimes d'aucun culte avec des chefs même étrangers; il n'est question que de les connaître; et ce droit du Gouvernement, fondé sur le besoin de maintenir la tranquillité publique, impose aux ministres des cultes des devoirs que rempliront avec empressement tous ceux dont les cœurs sont purs et les vues honnêtes. Si cette obligation gêne les autres, son utilité n'en sera que mieux prouvée.

Observations.

1.° *Extrait de la loi organique du culte catholique.*

Art. 1. Aucune bulle, bref, rescrit, décret, mandat, provision, signature servant de provision, ni autres expéditions de la

den förmlichen Verfügungen eines Gesetzes oder eines kaiserlichen Dekretes zuwiderlaufen, so wird der Schuldige mit der Landesverweisung bestraft; es seie denn, daß die aus der Beschaffenheit dieser Thatsachen entspringende Strafe stärker wäre, in welchem Falle diese stärkere Strafe allein über denselben verhängt werden soll.

B e w e g g r ü n d e.

Es ist keineswegs davon die Rede, durch die Verfügungen des Art. 207 die rechtmäßigen Verbindungen irgend einer Gottesverehrung mit ihren Oberhäuptern aufzuheben, auch wenn sie Ausländer sind; es ist nur davon die Frage, diese Verbindungen zu kennen; und dieses, auf die Nothwendigkeit die öffentliche Ruhe zu erhalten gegründete Recht der Regierung, legt den Religionsdienern Pflichten auf, welche alle diejenigen mit Eifer erfüllen werden, deren Herzen rein und deren Absichten redlich sind. Wenn hingegen andern diese Verpflichtung beschwerlich fällt, so ist ihre Nützlichkeit um so mehr dadurch erwiesen.

B e m e r k u n g e n.

1) Auszug aus dem organischen Gesetze über die kathol. Gottesverehrung.

Art. 1. Keine Bulle, Breve, Rescript, Dekret, Mandat, Provision, Signatur an Provisionsstatt, noch andere Expeditionen des römischen

cour de Rome, même ne concernant que les particuliers, ne pourront être reçues, publiées, imprimées, ni autrement mises en exécution, sans l'autorisation du Gouvernement.

Art. 3. Les décrets de synodes étrangers, même ceux des conciles généraux, ne pourront être publiés en France, avant que le Gouvernement en ait examiné la forme, leur conformité avec les lois, droits et franchises de la République française, et tout ce qui dans leur publication pourrait altérer ou intéresser la tranquillité publique.

2.° *Extrait de la loi organique des cultes protestans.*

Art. 2. Les églises protestantes, ni leurs ministres, ne pourront avoir des relations avec aucune puissance ni autorité étrangère.

Art. 4. Aucune décision doctrinale ou dogmatique, aucun formulaire, sous le titre de *confession*, ou sous tout autre titre, ne pourront être publiés ou devenir matière de l'enseignement, avant que le Gouvernement en ait autorisé la publication.

Hofes, selbst wenn sie nur Partikularen betreffen, dürfen angenommen, bekannt gemacht, gedruckt, oder auf andere Weise in Vollziehung gesetzt werden, ohne Autorisation der Regierung.

Art. 3. Keine Beschlüsse fremder Synoden, und selbst allgemeiner Kirchenversammlungen, dürfen in Frankreich bekannt gemacht werden, es seie denn die Regierung habe zuvor ihre Form, ihre Uebereinstimmung mit den Gesetzen, Rechten und Freiheiten der französischen Republik, und alles das untersucht, was durch ihre Bekanntmachung die öffentliche Ruhe stören oder derselben nachtheilig seyn könnte.

2) Auszug aus dem organischen Gesetze über die protest. Gottesverehrungen.

Art. 2. Weder die protestantischen Kirchen noch ihre Diener, dürfen mit irgend einer fremden Macht oder Autorität in Verbindung stehen.

Art. 4. Keine Entscheidung in Lehren oder Lehrsätzen, kein Formular unter dem Namen Glaubensbekenntniß oder unter jeder andern Benennung, darf bekannt gemacht oder ein Gegenstand des Unterrichts werden, ehe die Regierung die Bekanntmachung erlaubt hat.

---

§. VIII. *Entraves au libre exercice des cultes.*

Art. 260. Tout particulier qui par des voies de fait ou menaces aura contraint ou empêché une ou plusieurs personnes d'exercer l'un des cultes autorisés, d'assister à l'exercice de ce culte, de célébrer certaines fêtes, d'observer certains jours de repos, et en conséquence d'ouvrir ou de fermer leurs ateliers, boutiques ou magasins, et de faire ou quitter certains travaux, sera puni, pour ce seul fait, d'une amende de seize francs à deux cents francs, et d'un emprisonnement de six jours à deux mois.

Art. 261. Ceux qui auront empêché, retardé ou interrompu, les exercices d'un culte par des troubles ou désordres causés dans le temple, ou autre lieu destiné ou servant actuellement à ces exercices, seront punis d'une amende de seize francs à trois

§. VIII. Hindernisse, welche der freien Religionsübung in den Weg gelegt werden.

Art. 260. Jeder Partikular, welcher durch Thätlichkeiten oder Drohungen eine oder mehrere Personen gezwungen oder verhindert hat, eine der autorisirten Gottesverehrungen auszuüben, dieser Gottesverehrung beizuwohnen, gewisse Feste zu feiern, gewisse Ruhetage zu beobachten, in Gefolg dessen ihre Werkstätten, Buden oder Waarenlager zu öffnen oder zu schließen, und gewisse Arbeiten zu thun oder zu unterlassen, wird, allein dieser Thatsache halber, mit einer Geldbuße von sechszehn bis zweihundert Franken, und mit einem sechstägigen bis zweimonatlichen Gefängnisse bestraft.

Art. 261. Diejenigen, welche durch Störungen oder Unordnungen in einem Tempel oder andern Orte, der zur Gottesverehrung bestimmt ist, oder gegenwärtig dazu dient, die Ausübung der Gottesverehrung verhindert, verspätigt oder unterbrochen haben, werden mit einer Geldbuße von sechszehn bis dreihundert Franken, und mit einem

cents francs, et d'un emprisonnement de six jours à trois mois.

Art. 262. Toute personne qui aura par paroles ou gestes outragé les objets d'un culte dans les lieux destinés ou servant actuellement à son exercice, ou les ministres de ce culte dans leurs fonctions, sera punie d'une amende de seize francs à cinq cents francs, et d'un emprisonnement de quinze jours à six mois.

Art. 263. Quiconque aura frappé le ministre d'un culte dans ses fonctions, sera puni du carcan.

Art. 264. Les dispositions du présent paragraphe ne s'appliquent qu'aux troubles, outrages ou voies de fait, dont la nature ou les circonstances ne donneront pas lieu à de plus fortes peines d'après les autres dispositions du présent code.

Motifs.

Le libre exercice des cultes est l'une des propriétés les plus sacrées de l'homme en

sechstägigen bis dreimonatlichen Gefängnisse bestraft.

Art. 262. Jeder, welcher durch Worte oder Geberden die Gegenstände einer Gottesverehrung an den Orten, welche zu Ausübung derselben bestimmt sind oder wirklich dazu dienen; oder die Diener dieser Gottesverehrung in ihren Amtsverrichtungen, beschimpft hat, wird mit einer Geldbuße von sechszehn bis fünfhundert Franken, und mit einem fünfzehntägigen bis sechsmonatlichen Gefängnisse bestraft.

Art. 263. Wer den Diener einer Gottesverehrung in seinen Amtsverrichtungen geschlagen hat, wird mit dem Pranger bestraft.

Art. 264. Die Verfügungen des gegenwärtigen Paragraphs sind nur auf solche Störungen, Beschimpfungen und Thätlichkeiten anwendbar, deren Beschaffenheit oder Umstände nicht in Gemäßheit der übrigen Verfügungen des gegenwärtigen Gesetzbuchs zu schärfern Strafen Anlaß geben.

B e w e g g r ü n d e.

Die freie Ausübung der Gottesverehrungen ist eines der heiligsten Eigenthumsrechte des in Ge-

société, et les atteintes, qui y seraient portées, ne sauraient que troubler la paix publique.

Nulle religion, nulle secte n'a donc le droit de prescrire à une autre le travail, ou le repos, l'observance ou l'inobservance d'une fête religieuse; car nulle d'entre elles n'est dépositaire de l'autorité; et tout acte, qui tend à faire ouvrir ou fermer des ateliers, s'il n'émane du magistrat même, est une voie de fait punissable.

Les désordres causés dans l'intérieur d'un temple, ou dans des lieux actuellement servant aux exercices d'un culte, sont aussi un délit qu'il importe de réprimer. L'auteur du trouble est également coupable, soit qu'il appartienne au culte dont les cérémonies ont été troublées, soit qu'il lui soit étranger; car respect est dû à tous les cultes qui existent sous la protection de la loi.

Le perturbateur sera donc puni, et la peine s'aggravera, si le trouble a dégénéré en outrages contre les objets du culte, et si ces outrages ont été commis „ dans des „ lieux destinés ou servant actuellement à „ l'exercice ou au service d'un culte."

Mais ces expressions mêmes indiqueront la limite, dans laquelle le législateur a cru

sellschaft lebenden Menschen, und die Eingriffe darein müßten nothwendig den öffentlichen Frieden stören.

Keine Religion, keine Secte hat also das Recht einer andern Arbeit oder Ruhe, die Beobachtung oder Nichtbeobachtung religiöser Feste vorzuschreiben; denn keiner derselben ist die Staatsgewalt anvertraut; und jeder Act, welcher dahin abzweckt, Werkstätten öffnen oder schließen zu machen, wenn er nicht von der Obrigkeit selbst herrührt, ist eine strafbare Gewaltthätigkeit.

Die in dem Innern eines Tempels oder an solchen Orten, welche gegenwärtig zur Ausübung einer Gottesverehrung dienen, verursachten Unordnungen sind gleichfalls ein Vergehen, welchem nothwendig gesteuert werden muß. Der Urheber der Störung ist gleich strafbar, ob er zu der Gottesverehrung, deren Ceremonien gestört worden sind, gehört oder nicht; denn Ehrfurcht ist man allen Gottesverehrungen schuldig, welche unter dem Schutze der Gesetze bestehen.

Der Störer wird also bestraft, und die Strafe wird schwerer, wenn die Störung in Beschimpfungen der Gegenstände der Gottesverehrung ausgeartet ist, und diese Beschimpfungen „an „Orten, welche zur Ausübung oder zum Dienste „einer Gottesverehrung bestimmt sind, oder „wirklich dienen," ausgeübt worden sind.

Allein eben diese Ausdrücke zeigen auch die Gränze an, in welcher der Gesetzgeber sich ein-

devoir se renfermer. La juste protection due aux différens cultes pourrait perdre cet imposant caractère, si de prétendus outrages faits à des signes placés hors de l'enceinte consacrée pouvaient devenir l'objet de recherches juridiques. Nul ne voudra, que le jet imprudent d'une pierre lancée au milieu des rues ou des champs puisse fournir matière à une accusation de sacrilége.

Renfermée dans ses vraies limites la loi n'en sera que plus respectée ; elle prononcera une peine sévère et prise dans l'ordre des peines infamantes contre quiconque oserait porter une main téméraire sur le ministre du culte en fonctions ; mais, à moins qu'il n'y ait des circonstances aggravantes, elle ne punira les autres troubles que de peines correctionnelles graduées suivant le scandale qui aura pu en résulter. Ce ne sont pas, surtout en matière de troubles de cette espèce, les peines les plus sévères qui seraient les plus efficaces.

Observations.

Extrait de la loi organique du culte catholique.

Art. 6. Il y aura recours au conseil d'Etat dans tous les cas d'abus de la part

schränken zu müssen glaubte. Der gerechte, den verschiedenen Gottesverehrungen schuldige Schutz, könnte diesen Erfurcht gebietenden Charakter verlieren, wenn vorgebliche Beschimpfungen solcher Zeichen, die außerhalb des Umfanges aufgestellt sind, welcher der Gottesverehrung geheiligt ist, der Gegenstand gerichtlicher Untersuchungen werden könnten. Niemand wird begehren, daß das unkluge Werfen eines mitten aus den Straßen oder Feldern geschleuderten Steins, Anlaß zu einer Anklage wegen Heiligthumsschändung geben möge.

In seine wahren Gränzen eingeschlossen, wird das Gesetz nur um so viel mehr in Ehren gehalten werden. Dasselbe wird eine strenge, aus der Reihe der entehrenden genommene Strafe gegen einen jeden aussprechen, welcher es wagen würde, frecher Weise die Hand an einen Religionsdiener in seinen Amtsverrichtungen zu legen; allein dasselbe wird, wenn nicht erschwerende Umstände vorhanden sind, die übrigen Störungen nur mit Zuchtpolizeistrafen belegen, welche nach Maasgabe des Aergernisses, das daraus entspringen könnte, stufenweise mehr oder minder schwer seyn werden. Bei Störungen, vorzüglich solcher Art, sind die strengsten Strafen nicht immer die wirksamsten.

Bemerkungen.

Auszug aus dem organischen Gesetze über die kathol. Gottesverehrung.

Art. 6. In allen widerrechtlichen Handlungen von Seiten der Obern oder anderer geist-

des supérieurs et autres personnes ecclésiastiques.

Les cas d'abus sont . . . toute entreprise ou tout procédé qui dans l'exercice du culte peut compromettre l'honneur des citoyens, troubler arbitrairement leur conscience, dégénérer contre eux en oppression ou injure, ou en scandale public.

Art. 7. Il y aura pareillement recours au conseil d'Etat, s'il est porté atteinte à l'exercice public du culte, et à la liberté que les lois et les réglemens garantissent à ses ministres.

Art. 8. Le recours compétera à toute personne intéressée. A défaut de plainte particulière, il sera exercé d'office par les préfets.

Le fonctionnaire public, l'ecclésiastique ou la personne, qui voudra exercer ce recours, adressera un mémoire détaillé et signé au conseiller d'Etat chargé de toutes les affaires concernant les cultes, lequel sera tenu de prendre dans le plus court délai tous les renseignemens convenables; et sur son rapport l'affaire sera suivie et définitivement terminée dans la forme administrative, ou renvoyée selon l'exigence des cas aux autorités compétentes.

licher Personen hat der Regreß an den Staatsrath statt.

Widerrechtliche Handlungen sind . . . jede Unternehmung oder jedes Verfahren, welches bei Ausübung der Gottesverehrung die Ehre der Bürger antasten, ihr Gewissen willkürlich beunruhigen, oder gegen sie in Bedrückung oder Beschimpfung, oder in ein öffentliches Aergerniß ausarten kann.

Art. 7. Der Regreß an den Staatsrath hat gleichfalls statt, wenn ein Eingriff in die öffentliche Ausübung der Gottesverehrung und in die Freiheit gethan wird, welche die Gesetze und Verordnungen den Religionsdienern verbürgen.

Art. 8. Der Regreß kömmt jeder dabei interessirten Person zu. In Ermangelung einer Privatklage, soll derselbe von Amtswegen von den Präfecten ausgeübt werden.

Der öffentliche Beamte, der Geistliche oder die Person, welche sich dieses Regresses bedienen will, übersendet einen umständlichen und unterzeichneten Bericht an den mit allen gottesdienstlichen Angelegenheiten beauftragten Staatsrath, welcher gehalten ist in der kurzmöglichsten Zeitfrist alle erforderlichen Erkundigungen einzuziehen; und auf seinen Bericht wird die Sache in der für Verwaltungs-Sachen üblichen Form betrieben und entscheidend beendiget, oder aber, nach Erforderniß der Umstände, an die gehörigen Gewalten verwiesen.

ART. 45. Aucune cérémonie religieuse n'aura lieu hors des édifices consacrés au culte catholique, dans les villes où il y a des temples destinés à différens cultes.

NB. Par une interprétation de Mr. le ministre des cultes cette exception n'est applicable qu'aux villes consistoriales.

LIV. III, TIT. I, CHAP. III, SECT. VII.

Des associations ou réunions illicites.

ART. 291. Nulle association de plus de vingt personnes, dont le but sera de se réunir tous les jours ou à certains jours marqués, pour s'occuper d'objets religieux, littéraires, politiques ou autres, ne pourra se former qu'avec l'agrément du Gouvernement, et sous les conditions qu'il plaira à l'autorité publique d'imposer à la société.

Dans le nombre des personnes indiqué par le présent article ne sont

Art. 45. Keine religiöse Ceremonie kann außerhalb den der katholischen Gottesverehrung gewidmeten Gebäuden, in denjenigen Städten statt haben, in welchen sich Tempel befinden, die verschiedenen Gottesverehrungen bestimmt sind.

NB. Durch eine Erklärung des Herrn Cultministers ist diese Ausnahme nur auf solche Städte anwendbar, in welchen Consistorien ihren Sitz haben.

III. Buch, I. Tit., III. Kap., VII. Sect.

Von unerlaubten Gesellschaften oder Zusammenkünften.

Art. 291. Keine Gesellschaft von mehr als zwanzig Personen, deren Zweck ist, täglich oder an gewissen bestimmten Tagen zusammen zu kommen, um sich mit religiösen, litterarischen, politischen oder andern Gegenständen zu beschäftigen, darf sich anders, als mit Genehmigung der Regierung, und unter denjenigen Bedingungen, bilden, welche es der Staatsgewalt gefallen wird, der Gesellschaft aufzulegen.

In der durch gegenwärtigen Artikel angezeigten Anzahl Personen sind diejenigen

pas comprises celles domiciliées dans la maison où l'association se réunit.

Art. 292. Toute association de la nature ci-dessus exprimée qui se sera formée sans autorisation, ou qui, après l'avoir obtenue, aura enfreint les conditions à elle imposées, sera dissoute.

Les chefs, directeurs, ou administrateurs de l'association seront en outre punis d'une amende de seize francs à deux cents francs.

Art. 293. Si par discours, exhortations, invocations ou prières, en quelque langue que ce soit, ou par lecture, affiche, publication ou distribution d'écrits quelconques, il a été fait dans ces assemblées quelque provocation à des crimes ou à des délits, la peine sera de cent francs à trois cents francs d'amende, et de trois mois à deux ans d'emprisonnement contre les chefs, directeurs et administrateurs de ces associations; sans préjudice des peines plus fortes, qui seraient por-

nicht mitbegriffen, welche in dem Hause wohnhaft sind, in welchem die Gesellschaft zusammen kömmt.

Art. 292. Jede Gesellschaft oberwähnter Art, welche sich ohne Genehmigung gebildet, oder, wenn sie dieselbe erhalten, die ihr aufgelegten Bedingungen übertreten hat, wird aufgelöst.

Die Häupter, Directoren oder Verwalter der Gesellschaft werden überdies mit einer Geldbuße von sechszehn bis zweihundert Franken bestraft.

Art. 293. Wenn durch Reden, Ermahnungen, Anrufungen oder Gebete, in welcher Sprache es auch seie, oder durch Lesung, Anschlagung, Bekanntmachung oder Austheilung einiger Schriften, in diesen Versammlungen irgend eine Aufforderung zu Verbrechen oder Vergehen gemacht worden ist, so werden die Häupter, Directoren und Verwalter dieser Gesellschaften mit einer Geldbuße von einhundert bis dreihundert Franken, und mit einem dreimonatlichen bis zweijährigen Gefängnisse bestraft; unnachtheilig der schwerern Strafen, welche das Gesetz ge-

tées par la loi contre les individus personnellement coupables de la provocation, lesquels, en aucun cas, ne pourront être punis d'une peine moindre que celle infligée aux chefs, directeurs et administrateurs de l'association.

Art. 294. Tout individu qui, sans la permission de l'autorité municipale, aura accordé ou consenti l'usage de sa maison ou de son appartement, en tout ou en partie, pour la réunion des membres d'une association même autorisée, ou pour l'exercice d'un culte, sera puni d'une amende de seize francs à deux cents francs.

Motifs.

Le droit absolu et indéfini, qu'aurait la multitude de se réunir pour traiter d'affaires politiques, religieuses ou autres de cette nature, serait incompatible avec notre état politique actuel.

Mais si le gouvernement monarchique doit être assez fort pour repousser ce qui pourrait lui nuire, il est aussi dans son essence de n'admettre aucune rigueur inutile. Il n'interviendra donc point, hors les cas qui

gen diejenigen ausgesprochen hat, die persönlich der Aufforderung schuldig sind, und welche in keinem Falle mit einer geringern Strafe belegt werden können, als mit derjenigen, welche den Häuptern, Directoren oder Verwaltern der Gesellschaft auferlegt wird.

Art. 294. Wer, ohne die Erlaubniß der Municipalbehörde, sein Haus oder seine Wohnung, ganz oder zum Theil, zur Versammlung der Mitglieder von Gesellschaften, auch wenn sie genehmigt wären, oder zur Ausübung einer Gottesverehrung verwilligt oder gestattet hat, wird mit einer Geldbuße von sechszehn bis zweihundert Franken bestraft.

Beweggründe.

Wenn die Menge das ungebundene und unbeschränkte Recht hätte sich zu versammeln, um politische, religiöse oder andere Angelegenheiten dieser Art abzuhandeln, so würde sich dies mit unserm gegenwärtigen politischen Zustande nicht vertragen.

Allein wenn die monarchische Regierung stark genug seyn soll, dem zu widerstehen, was ihr nachtheilig seyn könnte, so liegt es doch auch in ihrer Natur, keine unnütze Strenge zuzulassen. Ausser den Fällen also, welche besonders ihre

l'intéresseraient spécialement, dans ces petites réunions, que les rapports de famille, d'amitié ou de voisinage peuvent établir sur tous les points d'un si vaste empire; et lorsqu'il ne se passera dans ces petites réunions rien de contraire au bon ordre, l'autorité publique, qui ne saurait être tracassière, ne leur imposera aucune obligation spéciale, eussent-elles pour objet la lecture de journaux ou autres ouvrages.

Cette obligation spéciale de se faire connaître de l'autorité et d'obtenir son assentiment, commencera là seulement où le nombre des sociétaires serait tel, qu'il pût devenir un juste sujet de surveillance plus particulière.

C'est alors que de telles associations ne pourront exister qu'avec l'autorisation du Gouvernement, et sous les conditions qui leur seront imposées; c'est alors aussi qu'en cas d'infractions, ces associations pourront être dissoutes, et leurs chefs et directeurs condamnés à des amendes, et même à l'emprisonnement.

Observations.

1.° *Extrait de la loi organique du culte catholique.*

Art. 44. Les chapelles domestiques, les oratoires particuliers, ne pourront être éta-

Aufmerksamkeit auf sich ziehen, wird sie sich nie in jene kleinen Gesellschaften mengen, welche Familien-, freundschaftliche oder nachbarliche Verhältnisse auf allen Puncten eines so weitläufigen Reiches errichten können; und wenn in diesen kleinen Versammlungen nichts vorgeht, was der guten Ordnung zuwider ist, so wird ihnen die Staatsgewalt, welche keine unnütze Schwierigkeiten erheben kann, keine besondere Verpflichtung auflegen; wenn sie auch das Lesen von Zeitblättern oder andern Werken zum Gegenstande hätten.

Diese besondere Verpflichtung, der Staatsgewalt Anzeige zu thun und derselben Genehmigung zu erhalten, nimmt erst da ihren Anfang, wo die Anzahl der Mitglieder der Gesellschaft so groß wäre, daß sie der gerechte Gegenstand einer nähern Aufsicht werden könnte.

Alsdann können dergleichen Gesellschaften nur mit Genehmigung der Regierung und unter den Bedingungen bestehen, die ihnen auferlegt werden; alsdann können sie in Uebertretungsfällen auch aufgehoben, und ihre Häupter und Directoren zu Geldbußen, und selbst zur Gefängnißstrafe, verurtheilt werden.

Bemerkungen.

1) Auszug aus dem organischen Gesetze über die kathol. Gottesverehrung.

Art. 44. Die Hauskapellen, die besondern Bethäuser können nicht ohne eine ausdrückliche Ein-

blis sans une permission expresse du Gouvernement, accordée sur la demande de l'évêque.

2.° *Extrait de la loi organique des cultes protestans.*

Art. 22. Les assemblées ordinaires des consistoires continueront de se tenir aux jours marqués par l'usage. Les assemblées extraordinaires ne pourront avoir lieu sans la permission du Sous-préfet, ou du maire en l'absence du Sous-préfet.

3.° L'assemblée consistoriale pour renouveler tous les deux ans la moitié des anciens des consistoires locaux, conformément à l'art. 23 de la loi précitée, est déclarée extraordinaire, par l'instruction de Mr. le président du consistoire général de la confession d'Augsbourg, séant à Strasbourg.

Liv. III, Titre II, Chap. I.

Attentats aux mœurs.

Art. 331. Quiconque aura commis le crime de viol, ou sera coupable de tout autre attentat contre la pudeur, consommé ou tenté avec violence

willigung der Regierung errichtet werden, welche auf Begehren des Bischoffs zugestanden wird.

2) Auszug aus dem organischen Gesetze über die protestantischen Gottesverehrungen.

Art. 22. Die ordentlichen Versammlungen der Consistorien werden fernerhin an den durch den Gebrauch bezeichneten Tagen gehalten. Die außerordentlichen können nicht ohne die Erlaubniß des Unterpräfecten, oder, in dessen Abwesenheit, des Maire statt haben.

3) Die Consistorial-Versammlung, in welcher nach dem Art. 23 des obigen Gesetzes, alle zwei Jahre die Hälfte der Aeltesten in den Orts-Consistorien erneuert werden muß, ist nach der Instruction des Herrn Präsidenten des General-Consistoriums der Augsburgischen Confession zu Straßburg, für eine außerordentliche Versammlung erklärt.

III. Buch, II. Titel, I. Kapitel.

Frevelhafte Unternehmungen gegen die Sitten.

Art. 331. Wer das Verbrechen der Nothzüchtigung begeht, oder sich eines jeden andern Angriffs gegen die Schamhaftigkeit schuldig macht, und denselben gegen Personen

contre des individus de l'un ou de l'autre sexe, sera puni de la réclusion.

Art. 332. Si le crime a été commis sur la personne d'un enfant au dessous de l'âge de quinze ans accomplis, le coupable subira la peine des travaux forcés à temps.

Art. 333. La peine sera celle des travaux forcés à perpétuité, si les coupables sont de la classe de ceux qui ont autorité sur la personne envers laquelle ils ont commis l'attentat; s'ils sont ses instituteurs ou ses serviteurs à gages; ou s'ils sont fonctionnaires publics, ou ministres d'un culte; ou si le coupable, quel qu'il soit, a été aidé dans son crime par une ou plusieurs personnes.

Infractions aux lois sur les inhumations.

Art. 358. Ceux qui sans l'autorisation préalable de l'officier public, dans les cas où elle est prescrite,

des einen oder des andern Geschlechts mit Gewalt ausgeführt oder gewagt hat, wird mit der Einsperrung bestraft.

Art. 332. Wird das Verbrechen an der Person eines Kindes begangen, welches noch nicht volle fünfzehn Jahre hat; so wird der Schuldige mit der zeitigen Kettenstrafe belegt.

Art. 333. Zur lebenslänglichen Kettenstrafe werden die Schuldigen verurtheilt, wenn sie zu der Classe derjenigen gehören, welche Gewalt über die Person haben, auf welche sie einen frevelhaften Angriff verübten; wenn sie derselben Lehrer oder Lohndiener, oder wenn sie öffentliche Beamte, oder Geistliche sind; oder wenn dem Schuldigen, wer er auch seie, eine oder mehrere Personen in seinem Verbrechen behilflich gewesen sind.

Uebertretung der Gesetze über die Beerdigungen.

Art. 358. Diejenigen, welche ohne vorherige Autorisation des öffentlichen Beamten, in den Fällen, in welchen sie vorgeschrieben

auront fait inhumer un individu décédé, seront punis de six jours à deux mois d'emprisonnement et d'une amende de seize francs à cinquante francs; sans préjudice de la poursuite des crimes dont les auteurs de ce délit pourront être prévenus dans cette circonstance.

La même peine aura lieu contre ceux qui auront contrevenu, de quelque manière que ce soit, à la loi et aux règlemens relatifs aux inhumations précipitées.

Motifs.

Le Code Napoléon a fixé des règles pour constater les décès; et la loi pénale prononce des peines contre ceux qui ne font point les déclarations nécessaires pour que les décès soient constatés. Il importe que les déclarations soient faites, non-seulement afin de connaître les changemens qui arrivent dans les familles, et de mettre les héritiers à portée de réclamer leurs droits; mais encore afin de ne pas laisser échapper la trace des crimes qui auraient pu occasionner la mort d'une personne. Ceux à qui la loi impose le devoir de faire ces dé-

ist, eine verstorbene Person beerdigen lassen, werden mit einem sechstägigen bis zweimonatlichen Gefängniß, und mit einer Geldstrafe von sechszehn bis fünfzig Franken bestraft; unnachtheilig der gerichtlichen Verfolgung wegen denjenigen Verbrechen, deren die Urheber dieses Vergehens in solchen Umständen angeklagt werden könnten.

Die nämliche Strafe hat auch gegen diejenigen statt, welche, auf welche Weise es auch seie, dem Gesetze und den Verordnungen zuwider handeln, welche die zu frühen Beerdigungen betreffen.

Beweggründe.

Das Napoleonische Gesetzbuch hat die Regeln festgesetzt, nach welchen die Todesfälle bewährt werden sollen; und das peinliche Gesetz spricht die Strafen gegen diejenigen aus, welche nicht die nöthigen Anzeigen machen, daß die Todesfälle bewährt werden können. Es ist daran gelegen, daß diese Anzeigen gemacht werden, nicht nur damit man die Veränderungen kenne, welche sich in den Familien ereignen, und die Erben in Stand gesetzt werden ihre Rechte geltend zu machen, sondern auch damit man die Spur von Verbrechen nicht entwischen lasse, welche den Tod einer Person veranlassen konnten. Diejenigen, welchen das

clarations, ne doivent pas perdre de vue que dans le cas où il s'éléverait quelques présomptions de mort violente, leur négligence les exposerait à être poursuivis comme recéleurs du cadavre d'une personne homicidée.

Observation.

Voyés l'art. 77 du Code Napoléon, qui se trouve à la tête du présent ouvrage.

Révélation de secrets.

Art. 378. Les médecins, chirurgiens et autres officiers de santé, ainsi que les pharmaciens, les sages-femmes, et toutes autres personnes dépositaires, des secrets par état ou profession, des secrets qu'on leur confie, qui, hors les cas où la loi les oblige à se porter dénonciateurs, auront révélé ces secrets, seront punis d'un emprisonnement d'un mois à six mois, et d'une amende de cent francs à cinq cents francs.

Motifs.

A l'exception des révélations, que la loi exige, parcequ'elles importent au salut pu-

Gesetz die Pflicht auferlegt, diese Anzeigen zu machen, sollen also nicht vergessen, daß im Falle einiger Verdacht von gewaltsamem Tode sich erheben würde, ihre Nachlässigkeit sie der Gefahr aussetzen würde, als Verhehler des Leichnams einer ermordeten Person gerichtlich verfolgt zu werden.

Bemerkung.

Man sehe den zu Anfang dieses Werkchens angeführten Art. 77 des Napoleonischen Gesetzbuches.

Entdeckung von Geheimnissen.

Art. 378. Die Aerzte, Wundärzte und andere Gesundheitsbeamten, so wie auch die Apotheker, die Hebammen, und alle andere Personen, welchen kraft ihres Standes oder Gewerbes Geheimnisse anvertraut werden, und diese Geheimnisse, außer den Fällen, wo das Gesetz sie verpflichtet dieselben anzuzeigen, verrathen, werden mit einem ein- bis sechsmonatlichen Gefängnisse, und mit einer Geldbuße von einhundert bis fünfhundert Franken bestraft.

Beweggründe.

Mit Ausnahme derjenigen Entdeckungen, welche das Gesetz fordert, weil dieselben zur öffent-

blic, tout dépositaire par état ou profession des secrets qu'on lui confie, ne peut les révéler sans encourir des peines de police correctionnelle. Ne doit-on pas, en effet, considérer comme un délit grave des révélations, qui souvent ne tendent à rien moins qu'à compromettre la réputation de la personne dont le secret est trahi ; à détruire en elle une confiance devenue plus nuisible qu'utile ; à déterminer ceux qui se trouvent dans la même situation, à mieux aimer être victimes de leur silence que de l'indiscrétion d'autrui ; enfin à ne montrer que des traîtres dans ceux dont l'état semble ne devoir offrir que des êtres bienfaisans et de vrais consolateurs ? La nécessité de la peine en pareille matière est encore mieux sentie qu'elle ne pourrait être développée.

SUPPLÉMENT.

Il n'est peut-être pas désagréable aux lecteurs de connaître aussi les dispositions suivantes du Code pénal :

Après que différentes peines correctionnelles consistant tant en amendes qu'en emprisonnement, et même la mise sous la surveillance de la haute police, ont été fixées

lichen Wohlfart beitragen, darf niemand, welchem kraft seines Standes oder Gewerbs Geheimnisse anvertraut werden, dieselben offenbaren, ohne sich Zuchtpolizeistrafen auszusetzen. Und muß man nicht in der That als ein schweres Vergehen Entdeckungen ansehen, welche öfters auf nichts geringeres abzwecken, als den guten Ruf der Person zu gefährden, deren Geheimniß verrathen wird; bei derselben ein Zutrauen zu zerstören, welches ihr mehr Schaden als Vortheil gebracht hat; diejenigen, welche sich in der nämlichen Lage befinden, zu dem Entschlusse zu bewegen, lieber Schlachtopfer ihtes Stillschweigens als der Schwatzhaftigkeit anderer zu werden; endlich in denjenigen nichts als Verräther darzustellen, deren Stand nur wohlthätige Wesen und wahrhafte Tröster darzubieten scheint? Doch die Nothwendigkeit der Strafe in dergleichen Fällen läßt sich weit besser fühlen, als sie umständlich auseinander gesetzt werden kann.

Anhang.

Es wird vielleicht den Lesern nicht unangenehm seyn, auch noch folgende Verfügungen des peinlichen Gesetzbuches zu kennen:

Nachdem verschiedene Zuchtpolizeistrafen, sowohl in Geldbußen als Gefängniß bestehend, selbst die Stellung unter die Obsicht der höhern Polizei, wegen Zerstörungen, Verderbungen und

pour déstructions, dégradations et dommages; notamment, art. 444, contre ceux qui auront dévasté des récoltes sur pied ou des plants venus naturellement ou faits de main d'homme; art. 445, contre ceux qui auraient abattu un ou plusieurs arbres qu'ils savaient appartenir à autrui; ou, art. 446, auraient mutilé, coupé ou écorcé des arbres, de manière à les faire périr; art. 447, contre ceux qui auraient détruit une ou plusieurs greffes; avec augmentation des peines, art. 448, dictées dans les trois articles précédens, si les arbres étaient plantés sur les places, routes, chemins, rues ou voies publiques ou vicinales ou de traverse; art. 449, contre ceux qui auraient coupé des grains ou des fourrages qu'ils savaient appartenir à autrui; et enfin, art. 450, contre ceux qui auraient coupé du grain en vert, il est ajouté au même art. 450 :

Dans les cas prévus par le présent article et les six précédens, si le fait a été commis en haîne d'un fonctionnaire public et à raison de ses fonctions, le coupable sera puni du maximum de la peine établie par l'article auquel le cas se réfèrera.

Beschädigungen festgesetzt worden sind; insonderheit, Art. 444, wider diejenigen, welche auf Halmen stehende Saaten, oder Würzlinge, sie mögen natürlich gekommen oder von Menschenhänden gepflanzt worden seyn, verwüsten; Artikel 445, wider diejenigen, welche einen oder mehrere Bäume abhauen, von welchen sie wissen, daß sie andern gehören; oder, Artikel 446, Bäume verstümmeln, verhauen oder schälen, so daß sie abstehen müssen; Art. 447, wider diejenigen, welche ein oder mehrere Pfropfreiser zerstören; nebst Vermehrung der in den drei vorhergehenden Artikeln angesetzten Strafen; Art. 448, wenn die Bäume auf öffentlichen Plätzen, Landstraßen, Wegen, öffentlichen Gassen, Neben- oder Feldwegen gepflanzt waren; Art. 449, wider diejenigen, welche Getreide oder Futterkräuter abschneiden, von welchen sie wissen, daß sie andern gehören; und endlich, Art. 450, wider diejenigen, welche dergleichen Getreide grün abschneiden; wird im nämlichen Art. 450 hinzugesetzt:

Wenn in den durch gegenwärtigen und die sechs vorhergehenden Artikel bestimmten Fällen, die That aus Haß gegen einen öffentlichen Beamten, und seiner Amtsverrichtungen wegen, geschehen ist, soll der Schuldige mit dem höchsten Grad der Strafe belegt werden, welche durch den Artikel, auf welchen sich der Fall bezieht, angesetzt ist.

Art. 479. Seront punis d'une amende de onze à quinze francs inclusivement :

7.° les gens, qui font le métier de deviner et pronostiquer, ou d'expliquer les songes.

Art. 480. Pourra, selon les circonstances, être prononcée la peine d'emprisonnement pendant cinq jours au plus :

4.° contre les interprètes de songes.

Art. 481. Seront de plus saisis et confisqués :

2.° les instrumens, ustensils et costumes servant ou destinés à l'exercice du métier de devin, pronostiqueur ou interprète de songes.

Art. 482. La peine d'emprisonnement pendant cinq jours aura toujours lieu pour récidive, contre les personnes et dans les cas mentionnés en l'art. 479.

Art. 479. Mit einer Geldbuße von eilf bis fünfzehn Franken einschließlich werden bestraft:

7) diejenigen Leute, welche ein Handwerk daraus machen zu wahrsagen, Zeichen oder Träume zu deuten.

Art. 480. Nach bewandten Umständen kann eine höchstens fünftägige Gefängnißstrafe ausgesprochen werden:

4) gegen die Traumdeuter.

Art. 481. Es sollen überdies in Beschlag genommen und confiscirt werden:

2) die Werkzeuge, Geräthe und Anzüge, welche zur Betreibung des Gewerbes eines Wahrsagers, Zeichen- oder Traumdeuters dienen oder bestimmt sind.

Art. 482. Im Wiederholungsfalle hat die fünftägige Gefängnißstrafe jedesmal gegen die im Art. 479 erwähnten Personen, und in den darin bestimmten Fällen statt.

CODE
D'INSTRUCTION CRIMINELLE.

Art. 384. Les fonctions de juré sont incompatibles avec celles de ministre, d'un culte quelconque.

STRASBOURG,
De l'imprimerie de Louis Fr. Le Roux, Place du Dôme, N.° 17.

Gesetzbuch
über die peinliche Procedur.

Art. 384. Die Verrichtungen eines Geschwornen sind mit den Verrichtungen eines Geistlichen, zu welcher Gottesverehrung er auch gehöre, unvereinbar.

www.ingramcontent.com/pod-product-compliance
Lightning Source LLC
LaVergne TN
LVHW012008220826
846092LV00001B/276

9782329790381